高校公共英语的课堂教学改革研究

李传馨 著

北京工业大学出版社

图书在版编目（CIP）数据

高校公共英语的课堂教学改革研究 / 李传馨著. —北京：北京工业大学出版社，2022.8
　　ISBN 978-7-5639-8422-0

　　Ⅰ．①高… Ⅱ．①李… Ⅲ．①英语－课堂教学－教学改革－研究－高等学校 Ⅳ．① H319.3

中国版本图书馆 CIP 数据核字（2022）第 179997 号

高校公共英语的课堂教学改革研究
GAOXIAO GONGGONG YINGYU DE KETANG JIAOXUE GAIGE YANJIU

著　　者：李传馨
责任编辑：吴秋明
封面设计：知更壹点
出版发行：北京工业大学出版社
　　　　　　（北京市朝阳区平乐园 100 号　邮编：100124）
　　　　　　010-67391722（传真）　bgdcbs@sina.com
经销单位：全国各地新华书店
承印单位：唐山市铭诚印刷有限公司
开　　本：710 毫米 ×1000 毫米　1/16
印　　张：11.25
字　　数：225 千字
版　　次：2023 年 4 月第 1 版
印　　次：2023 年 4 月第 1 次印刷
标准书号：ISBN 978-7-5639-8422-0
定　　价：72.00 元

版权所有　　翻印必究

（如发现印装质量问题，请寄本社发行部调换 010-67391106）

作者简介

李传馨,生于1987年,籍贯山东济南,硕士研究生,讲师,毕业于中国矿业大学,现任职于山西能源学院,主要研究方向为英语教学。

前　言

大学英语课程是高校学生学习时间最长、学分最多、修读人数最多的一门公共基础课程。而高校学生学习英语的主要阵地是课堂，所以课堂教学对教学质量具有重要且直接的影响。基于此，本书从高校公共英语课程教学的要求、高校公共英语课堂教学的因素、高校公共英语课堂教学模式的改革、高校公共英语课堂学习方式的改革、高校公共英语听说课与读写课教学的改革、高校公共英语课堂教学评价的改革、高校公共英语教师专业素质的提升、高校公共英语课程思政的对策等方面展开了深入、系统的论述，旨在更好地提升高校公共英语课堂教学的质量。

全书共七章。第一章为绪论，主要阐述了高校公共英语课程教学的要求、高校公共英语课堂教学的因素、高校公共英语课堂教学改革的必要性、高校公共英语课堂教学改革的方向与趋势等内容；第二章为高校公共英语课堂教学模式的改革，主要阐述了情感教学模式、模块教学模式、交际型教学模式、混合教学模式等内容；第三章为高校公共英语课堂学习方式的改革，主要阐述了自主学习、合作学习、探究式学习、反思式学习、项目式学习等内容；第四章为高校公共英语听说课与读写课教学的改革，主要阐述了高校公共英语听说读写课程教学的现状和高校公共英语听说读写课程教学的改革策略等内容；第五章为高校公共英语课堂教学评价的改革，主要阐述了高校公共英语课堂教学评价的意义、高校公共英语课堂教学评价的基本原则、高校公共英语课堂教学评价的创新方法等内容；第六章为高校公共英语教师专业素质的提升，主要阐述了高校公共英语教师的基本角色、高校公共英语教师的素质要求、高校公共英语教师专业素质的发展路径等内容；第七章为高校公共英语课程思政的对策，主要阐述了高校公共英语课程思政的必要性与可行性和高校公共英语课程思政的优势与策略等内容。

为了确保研究内容的丰富性和多样性，作者在写作过程中参考了大量理论与研究文献，在此向涉及的专家学者表示衷心的感谢。

最后，限于作者水平，本书难免存在一些不足，在此，恳请同行专家和读者朋友批评指正！

目　录

第一章　绪论 ... 1
第一节　高校公共英语课程教学的要求 ... 1
第二节　高校公共英语课堂教学的因素 ... 3
第三节　高校公共英语课堂教学改革的必要性 ... 7
第四节　高校公共英语课堂教学改革的方向与趋势 ... 9

第二章　高校公共英语课堂教学模式的改革 ... 14
第一节　情感教学模式 ... 14
第二节　模块教学模式 ... 25
第三节　交际型教学模式 ... 30
第四节　混合教学模式 ... 35

第三章　高校公共英语课堂学习方式的改革 ... 44
第一节　自主学习 ... 44
第二节　合作学习 ... 52
第三节　探究式学习 ... 59
第四节　反思式学习 ... 65
第五节　项目式学习 ... 71

第四章　高校公共英语听说课与读写课教学的改革 ... 77
第一节　高校公共英语听说读写课程教学的现状 ... 77
第二节　高校公共英语听说读写课程教学的改革策略 ... 88

第五章　高校公共英语课堂教学评价的改革 …………………… 115
第一节　高校公共英语课堂教学评价的意义 ………………… 115
第二节　高校公共英语课堂教学评价的基本原则 …………… 119
第三节　高校公共英语课堂教学评价的创新方法 …………… 124

第六章　高校公共英语教师专业素质的提升 ……………………… 144
第一节　高校公共英语教师的基本角色 ……………………… 144
第二节　高校公共英语教师的素质要求 ……………………… 150
第三节　高校公共英语教师专业素质的发展路径 …………… 153

第七章　高校公共英语课程思政的对策 …………………………… 157
第一节　高校公共英语课程思政的必要性与可行性 ………… 157
第二节　高校公共英语课程思政的优势与策略 ……………… 160

参考文献 ……………………………………………………………… 171

第一章 绪论

本章分为高校公共英语课程教学的要求、高校公共英语课堂教学的因素、高校公共英语课堂教学改革的必要性、高校公共英语课堂教学改革的方向与趋势四部分，主要包括教学目标的定位、课程设置的科学合理、教学模式的主次定位、高校公共英语课堂教学的教师、高校公共英语课堂教学的学生、高校公共英语课堂教学的教学内容、教学内容改革的必要性、教学方法改革的必要性、教学形式改革的必要性、注重教师队伍建设、注重学生学习兴趣培养、教学活动更加科学合理、评价体系逐渐多元化等内容。

第一节 高校公共英语课程教学的要求

一、教学目标的定位

2007年颁发的《大学英语课程教学要求》（以下简称《课程要求》）明确规定："大学英语的教学目标是培养学生的英语综合应用能力，特别是听说能力。"此举也是英语教学的一个突破，即在强调听、说、读、写、译各种能力协调发展的同时，把听和说放在英语教学的重要位置，这也是对学生和市场需求进行调查分析的结果。社会的发展对学生的英语能力提出了更高的要求，也迫使我们必须丰富教学内容，平衡发展学生的英语运用能力。经过中学阶段的英语学习，大部分学生都已经掌握了一定的语言知识，具备了初步的阅读能力，但还不具备英语综合运用能力，听、说和写的能力仍然是他们的薄弱环节，而大量的国际交流是通过听、说和写直接进行的。所以，高校公共英语教学应该通过听、说、读、写、译多种方式帮助学生运用英语知识，使之转化为英语综合运用能力。而且，听、说、读、写、译并重的英语教学目标更符合语言学习的特点，也与第二语言习得理论的观点一致。教育的目的就是要培养学生的自主学习能力，以便使他们在离开学校以后或在课堂以外能够主动获取信息，成功交流信息。具体到英语教学中，就是要培养学生在学习和使用语言时的策略意识，使他们能够选择适合自己的学习策略，监控和管理自己的学习过程，正确评价自己的学习能力，培养自主学习的能力，为终身学习打下基础。

二、课程设置的科学合理

《课程要求》规定各高校应根据自身的实际情况设计本校的大学英语课程，应"将综合英语类、语言技能类、语言应用类、语言文化类和专业英语类等必修课程和选修课程有机结合，确保不同层次的学生在英语应用能力方面得到充分的训练和提高"。《课程要求》还规定"大学英语课程不仅是一门语言基础课程，也是拓宽知识、了解世界文化的素质教育课程，兼有工具性和人文性。因此，设计大学课程时也应当充分考虑对学生的文化素质培养和国际文化知识的传授"。在课程结构上，大学英语不应该仅仅被设定为一门公共基础课，应设置由"必修课＋限选课＋任选课"构成的多元化大学英语系列课程，做到必修课和选修课平衡、输入和输出平衡、语言与文化平衡。通过高质量的语言输入、多样性的学习活动和渐进性技能转换训练，有效地训练学生的英语使用能力、跨文化能力、自主学习能力和综合文化素养等；语言课程需要从本土型向国际型转变，大学英语课程体系的设计应该是科学的、系统的、符合学生个性化要求的。课程体系的"科学"属性是指它要符合教育规律，特别是外语教育规律；"系统"是指课程体系内的各课程既各自独立，又相互联系，共同组成一个完整、互相促进的体系；"个性化"强调以学生为主体，尊重个性，发展个性，因材施教。也就是说，大学英语课程体系的构建应考虑到培养目标、学生层次、知识体系的系统性和学生个性化的发展需要等方面，应该把英语基础知识的掌握和应用、英语语言运用技能的培养、实用英语应用能力的培养、英语国家社会文化知识的学习以及专业英语的学习包括在课程体系之内。

因此，大学英语课程的设置要充分体现个性化，考虑不同起点的学生，既要照顾起点较低的学生，又要为基础较好的学生创造发展的空间；既能帮助学生打下扎实的语言基础，又能培养他们较强的实际应用能力，尤其是听说能力；既要保证学生在整个大学期间的英语语言水平稳步提高，又要有利于学生的个性化学习，以满足他们各自不同专业的发展需要。

三、教学模式的主次定位

《课程要求》对我国当代的大学英语教学模式也提出了更高的要求。《课程要求》提出：各高等学校应充分利用现代信息技术，采用基于计算机和课堂的英语教学模式，改进以教师讲授为主的单一教学模式。新的教学模式应以现代信息技术特别是网络技术为支撑，使英语的教与学可以在一定程度上不受时间和地点的限制，朝着个性化和自主式学习的方向发展。

第二节 高校公共英语课堂教学的因素

一、教师

教师是高校公共英语教学的重要因素，在英语教学中起着主导作用。在英语课堂上，教师主要充当两种角色，即掌控者和引导者。一名合格的英语教师首先应该具有纯正的发音。然而并非所有的英语教师都具有纯正的发音，所以教师可借助广播以及多媒体等手段来弥补自己的不足，确保学生在课堂上所听的语言都是纯正的。同时，教师在讲解单词、句子、课文时，应该穿插一些解释，对难懂的词语要不断重复。

在多数英语课堂上，教师的讲话占据课堂的大部分时间，不可否认，教师的讲授有利于学生的语言习得，但也不能因此牺牲掉学生的练习时间。同时，教师还要注意不断变化教学形式，以增强课堂的趣味性。一个合格的英语教师还应具有一定的应变能力，能预测课堂活动中出现的状况，能很好地处理课堂上的突发事件，确保课堂活动的有序开展。

此外，教师应该随时调整自己的提问方式、语言运用方式、提供反馈的方式。在英语课堂中，提问是教师常用的一种教学手段。通过提问，可以有效激发学生的学习兴趣，促使学生积极思考。另外，语言运用的方式也很重要，为了让学生对所讲述的知识有一个充分的了解，教师在教学中可以采用重复话语、降低语速、增加停顿、调整措辞、简化语法规则、调整语篇等措施。

学生是英语教学的重要反馈者，同样，教师的反馈也是十分重要的。所谓提供反馈就是指教师为学生的学习情况提供反馈。教师的反馈可以是对学生话语的回答，如表示学生回答正确或错误、赞扬鼓励、扩展学生的答案、重复学生所答、总结学生回答、批评等。总之，教师的目的就是采用不同形式的教学方法调动学生的积极性,扩展学生的知识面,培养学生的学习能力,提高整体教学效果。

二、学生

(一)角色定位

在英语教学中,学生主要扮演以下几个角色。

1. 主体

学生是英语教学中的主体,他们对知识的探索、发现、吸收以及内化等实践都有利于知识体系的构建,有利于形成科学的世界观、人生观和价值观。

2. 参与者

作为外语教学活动的重要参与者,学生应积极主动地参与到各项活动中,积极思考,勇于表达自己的观点,展示个人的才能。

3. 合作者

英语教学是在师生之间及学生之间共同进行的,因而团队合作是不可缺少的。在合作中,他们可以互相学习、互相帮助、共同提高。

4. 反馈者

在英语教学中,学生反馈的信息是教师教学的一个重要依据。学生可以结合自身的学习经历对教师提出建议或意见,并协助教师改进和完善教学内容和教学方法,从而提高教学效果。

(二)个体差异

语言潜能是学习外语所需要的认知素质,它是一种固定的天资。努力提高学生的外语素质就是对学生的语言综合运用能力进行培养,而语言潜能也就是用学生的认知素质来预测其学习外语的潜在能力。美国学习心理学家卡罗尔提出了学生应具有以下几种学习能力:

①学生应具有语音编码解码的能力,即输入处理的能力。
②学生应具有归纳性语言学习的能力,即语言材料的组织和操作的能力。
③学生对语法还应有一定的敏感性,即从语言材料中推断语言规则的能力。
④学生应具有一定的联想记忆能力,即新材料的吸收和同化的能力。

每个学生的语言潜能都存在着差异,在英语教学过程中,教师应注重因材施教。

三、教学内容

（一）高校公共英语听力教学

听力是指启动听觉器官接收语音信息的一种能力。其能力运用的有效性一般取决于倾听是否专心。此外，听力还是英语考试的一项内容，考查考生对某种语言的听话能力。

根据《大学英语课程教学要求》中的规定，高校的英语教学是以外语教学理论为指导，以英语语言知识与应用技能、跨文化交际和学习策略为主要内容，综合多种教学模式和教学手段于一体的教学体系。高校英语的教学目标是培养学生的英语综合应用能力，特别是听说能力，使他们在今后的学习、工作和社会交往中能有效地用英语进行交际，同时增强其自主学习能力，提高其综合文化素养，以适应我国社会发展和国际交流的需要。高校英语听力教学是围绕高校英语教学的目标而进行的与英语听力有关的教学活动，主要培养学生的听力技能以及相关的英语综合能力。

（二）高校公共英语口语教学

《汉语知识辞典》中指出："口语作为语言最基本的形式，具有灵活、松散等特点，同时伴有交际手段和语言情境出现。"我们可以从两个方面来界定口语：狭义的口语是指语言的一种变体，是指日常口语交际时运用的语言；广义的口语是指利用声音表达出的一种语言形式。

英语口语教学的释义：在英语课堂中，教师以教材为基础，为学生创设一个语言交际的情境，通过一些相关的口语教学实践活动，帮助学生以口语形式进行英语语言知识的输出、交际和表达。因教学情境内容和范围的广阔性，教师可以根据不同学段学生的发展特点进行口语情境教学。同时口语教学需具备一定的模拟性和趣味性，如此才能够提高口语教学的效果。

《大学英语课程教学要求》中规定，大学英语的教学目标是培养学生的英语综合应用能力，特别是听说能力。大学阶段的英语教学目标分为三个层次，即一般要求、较高要求和更高要求。三个层次对口语表达能力提出了不同要求：

一般要求：能在学习过程中用英语交流，并能就某一主题进行讨论，能就日常话题用英语进行交谈，能经准备后就所熟悉的话题作简短发言，表达比较清楚，语音、语调基本正确。能在交谈中使用基本的会话策略。

较高要求：能够用英语就一般性话题进行比较流利的会话，能基本表达个人意见、情感、观点等，能基本陈述事实、理由和描述事件，表达清楚，语音、语调基本正确。

更高要求：能较为流利、准确地就一般或专业性话题进行对话或讨论，能用简练的语言概括篇幅较长、有一定语言难度的文本或讲话，能在国际会议和专业交流中宣读论文并参加讨论。

《大学英语课程教学要求》中关于口语能力的三个要求对大学生口语能力做了详尽的描述，为大学英语口语课程设置、教材编写、课堂教学和口语评估提供了参考。不同性质的大学应该根据学生的实际需求重新进行目标定位，同一大学也可根据学生的不同英语水平设定不同的目标层次。目前，英语已发展成为一种国际通用语，经济与科学的发展对非英语专业学生的英语口语水平提出了越来越高的要求。

（三）高校公共英语阅读教学

中华人民共和国成立半个多世纪的那段时期，英语教学基本上是以读为主，以听、说、写为辅的英语教学模式，其主要原因在于：在那段历史时期，社会对英语教学的主要需求是阅读，而阅读又是那段历史时期的英语教学环境下最便捷、最现实、最有效的英语教学方式。

当今时代与那段历史时期相比较，已经发生了一些新变化。我国的对外开放、信息技术的迅猛发展、经济持续稳定高速发展使得社会对英语人才的需求剧增，英语语音、音像资料空前丰富，听力教学异军突起。这些新情况提出了对听力、口语教学要重新定位的要求，甚至有不少专家学者提出中国的英语教学应该结束以读写为本的时代，进入以听说为本的新时期。但是从另一个角度来看，这些新情况又进一步巩固了阅读教学在中国英语教学中的地位，不仅从数量和规模上，而且还从质量上、层次上、样式上对英语阅读提出了更新、更高的要求，因此不少专家学者撰文高呼"我国英语教学应始终以读写为本""要提高英语水平必须依靠不间断的大量阅读……有了扎实的读与写的基础，听说跟上是不难的"。对于这一点，我们主张，在大力发展和提倡听力教学与口语教学顺应历史和社会发展潮流的同时，应进一步强调阅读教学在中国英语教学中具有的基础作用，加大力度研究适应新形势的阅读教学新理论、新方法，使得阅读教学有新的质量上的提高，从而推动整个中国英语教学和谐统一地向前发展。这是中国英语教学与时俱进、充分利用现代信息技术带来的便利、顺应社会发展的需要和变化所做出的历史性选择。

（四）高校公共英语写作教学

英语写作是英语教学体系的重要组成部分，是英文单词、句法、段落、篇章、主题及写作技巧等因素相互作用的有机整体，是一项复杂的思维过程和认知过程。对大学英语写作教学而言，学生的语言基本功较弱，受母语思维方式的影响较大，表达思想的能力不足，对写作知识和写作技巧的生疏以及不同文化背景所引起的表达方式的差异等，这些都加剧了英语写作教学的难度。

第三节　高校公共英语课堂教学改革的必要性

一、教学内容改革的必要性

受传统英语教学的影响，我国对英语人才的培养较为注重语言表达形式的教学而忽视语言表达功能的教学。也就是说，英语教学只注重语音、单词、语法的学习，着重讲解词法、句法、语法，而学生在课堂上的主要任务就是听教师讲课、记笔记，在这个过程中教师和学生都忽略了语言的实践活动。因此，在这种教学方法的影响下，学生的英语学习提高的只是其"语法能力"，而不是其"应用能力"。这在很大程度上限制了学生语言能力的发展。

众所周知，英语教学的目的是进行语言的应用，而不仅仅是阅读，更不仅仅是为了掌握单词的意义、明白语法规则。如果不能用英语进行交流，学习英语就失去了意义。要培养学生的英语综合应用能力，就需要在教学内容上进行改革，增加课堂上的语言实践活动，让学生有开口说英语的实践机会，只有在实践中不断锻炼，学生才能真正提高英语的应用能力，才能够学以致用，达到英语教学的目的。因此，改革英语教学的内容十分有必要。

二、教学方法改革的必要性

教学方法一直是教学研究的重点，也是我国英语教学改革的关键环节。常见的英语教学方法包括语法翻译法、听说法、直接法、认知法、交际法、情景法等，这些教学方法都曾经对英语教学理论和实践的发展做出了巨大贡献。但是，这些教学方法往往是在一定历史条件下为达到当时的教学目的的产物，它们一方面从各个侧面充实和丰富了英语教学法体系的完整性，另一方面又过分强调了某个侧面，所以有其不完善之处。随着社会的不断进步与发展，社会对人才的需求也会不断变化,因此在不同时期,教学理论也有所不同,教学方法也会有所变化。

传统的语法翻译法过于重视书面语的掌握,忽视口语表达能力的培养,并把口语和书面语分离开来,学生即使具备了较强的阅读和翻译能力,也可能不具备起码的听说能力,给教学过程带来很大的障碍。因此,虽然语法翻译法在历史上曾经大大促进了英语教学的发展,但是随着时代的发展它已经无法满足社会的需求,必然会被其他教学方法所取代。随着国外一些新的教学方法的引入,我国英语教师的视野得到了拓宽,广大英语教师也积极投身到英语教学理论特别是教学方法的改革、研究和实践之中,使英语教学方法得到不断完善。但是,随着教育事业的发展,不少英语教师认识到从国外引进的教学方法并不完全适合我国的英语教学实际,英语教学法的研究和实践在某种程度上陷入了一些误区。

因此,英语教师应该根据具体的教学情况,运用各种教学法中最有效最适用的部分,根据具体的英语教学需要,研究出适合本校、本班学生的教学方法。我国英语教学的改革强调以学生为本,突出学生的主体地位,这需要在教学中尊重学生的个性,在采用教学方法时重视对学生兴趣的挖掘。因此,在教学改革中,我们需要认真地研究有利于激发学生学习兴趣的教学方法。

三、教学形式改革的必要性

测试是英语教学中的重要环节,是检验学生学习效果和教师教学效果的必要手段。英语通过听、说、读、写、译五个环节来学习,才能够收到预期效果。因此,在对英语教学质量及学生学习效果进行考核时,也应综合测试学生听、说、读、写、译五个方面知识和能力的掌握情况。

但是,目前我国的英语考试仍以笔试为主,这种仅凭一张纸一次性判断出学生学习效果的方式很难全面地体现学生的听、说、读、写、译的能力,更难以反馈学生真实的英语水平及能力。同时,这种考试在某种程度上也挫伤了学生的学习热情,使学生对英语学习失去兴趣和信心。此外,这种考试也忽视了对学生听说能力的考查,但对英语学习者而言,听说能力才是核心技能。

以我国大学英语四、六级考试为例。一直以来,我国大学生的英语听力水平和口语水平的发展极不平衡。这主要是由于大学英语四、六级考试主要注重读、写、译能力的考核,大多数学生都为了通过英语四、六级考试而将大多数精力放在了这三个方面的学习上。教师为了保证英语四、六级考试的通过率也仅注重这三个方面知识和技巧的传授。尽管近年来英语四、六级考试中增加了听力试题,也逐渐引入口语考试。但是，由于我国对英语听说能力教学的长期忽视，导致大部分师生都认为要提高英语听说能力是付出大收益小的事，因此学生和教师仍然将精力放在应对笔试上。因此，这种考试方式对英语这个特殊学科来说有一定的局限性，应该加以改革。为更好地了解学生的英语语言领悟能力、英语语言理解程度、英语交际水平，教师应安排听力考试、英语口语交际等方式来填补笔试的不足。总而言之，只有科学、合理的考试形式才能完整全面地检测教师教学的科学性和学生的英语能力。

第四节 高校公共英语课堂教学改革的方向与趋势

一、注重教师队伍建设

建构主义理论强调，学生是学习的主要群体，而教师对学生的学习发挥重要的指导作用。学生的学习效果在很大程度上受英语教师的教学水平影响，因此，提高教师的教学技能对于解决高校公共英语教学中的问题至关重要。高校公共英语教学应更好地满足学生的需要，教学活动应以培养学生的应用能力为目标。然而，现阶段高校的一部分公共英语教师缺乏一定的英语教学能力，也可能是因为课时量原因导致其教学活动未能完全展开。在新的时代发展背景下，加强教师队伍建设，提高公共英语教师的综合素质，才能够为学生提供更有效的英语教育。

（一）加强教师专业技能培训

高校公共英语教师专业技能培训应逐渐常态化。首先，高校应以英语课堂为基地，以英语教研组为核心，在校内开展常态化专业技能交流与培训，让高校的英语教师通过参加自主研修学习、英语教研组集体备课、听评课和教学技能比赛等方式来提高专业技能。其次，高校应为教师提供校外学习的机会，开拓公共英语教师的视野，提高公共英语教师的业务能力。最后，高校可采用"线上、线下"相结合的学习方式对公共英语教师进行培训，"线上"是指网络远程研修学习。

（二）提高教师实践教学能力

当前我国大部分高校英语教师接受的是传统英语教学模式，因此他们大部分人仍延续传统的教学模式，并且这部分英语教师所学专业都是英语专业，对于其他专业并不熟悉，不具备跨学科学习或者较高的实践教学能力。

在现阶段的高校公共英语教学改革中，高校应大力发展教师实践教学的能力，将高校的公共英语教学同学生的职业教育相结合，教师在教授英语的同时，可以用英语教授一些简单的专业知识。跨学科教授专业知识最需要的就是提高教师的实践教学能力。目前高校具备跨学科能力教授公共英语课程的教师还相对较少，公共英语课程教师的实践教学能力有待进一步提高。为了高校以后更好地发展，应该着手优先培养教师的实践教学能力，让英语教师去学生将来会进入的企业或者单位进行学习，调查分析用人单位的社会需要，这样培养出来的英语教师既有英语专业知识，又有实践教育的素质，这才是高校所需要的教师。

（三）加强教师教学常规管理

当前高校中存在一种亟须改善的现象，就是一些英语教师以一种应付的态度上英语课，师德水准不高。这部分教师在英语教学之中缺乏责任心，在课下备课时不认真，准备不充分就去上课，这样教学质量肯定低，教学效果也可想而知。对于这种情况，高校英语教学部应该加强英语教师的教学常规管理，经常进入英语课堂旁听，了解英语课堂情况。对于讲授形式多样、课堂活跃的教师进行宣传，促进其他教师多来听课学习；对于一些教学散漫、课堂随意的英语教师要提出批评，进行整改。同时，还要发挥英语教研组的整体力量，不要一说教研活动，就是你备课哪几个单元，我备课哪几个单元，而毫无质量而言。要在英语教研组内部经常开展一些形式多样、有实际效果的教研活动，使高校公共英语教师真正投入活动当中，通过这些教研活动来提高教师的教学能力。

二、注重学生学习兴趣培养

人本理论要求，在教学实践中要以学生为中心，重视学生的发展。同时，促进学生的发展需要激发学生的学习动机，使其主动并乐于学习。通过研究人本理论和动机理论可以得知，在教学实践中要激发学生学习的内生动力，培养学生的学习兴趣以及提高学生的学习效率。因此，高校公共英语教师需要认真考虑如何培养学生的学习兴趣，并在这一基础上改变教学方式。培养学生的学习兴趣以提升高校公共英语教学质量，主要从以下几个方面进行改革。

（一）运用多元化教学模式

当前部分高校公共英语教师教学模式单一，以传统教学模式为主，不能有效提升学生在英语课堂中的学习兴趣，基于此，高校公共英语教师应对新型教学模式进行深入探索和研究。传统教学模式是"传递—接受式"，教师教授知识，学生接受知识，课堂教学方法单一。但现在在高校中已经出现以翻转课堂教学模式为代表的多种新型教学模式，这些新型教学模式和传统教学模式最大的差别在于课堂主体的转换。在2014年出现的分课堂教学模式就曾经获得学生的好评。首先，要了解分课堂教学模式就是将英语课堂进行分割，上半节用于教师讲授知识，下半节剩余时间由学生自由讨论；其次，教师要参与到学生的讨论过程中，了解学生讨论的思路；最后，在学生将讨论结果在课堂上展示以后，教师要给出最终的总结性评价。英语课堂应当以学生为主体，应当具有更强的开放性，才能充分地调动学生的学习积极性。而多元化的教学模式促进英语课程的丰富性，使英语教学更有现场感和更加生活化，这样才能促进高校公共英语教学的发展。

（二）明确学生主体地位

采用新的教学模式是提高教学质量的一种有效方式，个性化的英语教学以及学生能够自主化学习可以通过新的教学模式来实现。以学生为主体的新型教学模式能够充分展示学生的主体性并使他们成为课堂的主人。在公共英语课程教学中，教师主要发挥引导作用并且是教学的参与者。无论是英语教学还是其他学科教学，都应该以学生也就是学习者为核心来组织教学。只有这样，我们才能正确处理知识与能力发展之间的关系以及教育与学习之间的关系。这样也能够注重培养学生的主动思考性和实践能力，将二者合二为一，变模仿型为思考型，这样能够使学生通过"场景创建""合作""对话"和"意义建设"的过程不断吸收和内化知识，让学生可以建立自己的知识体系并培养学生的自主能动性。

"授人以鱼不如授人以渔"，大学阶段的教育重点是培养学生的自主意识和自学能力，让学生能够独立学习、思考、解决问题，并树立终身学习的观念。因此，学校必须注重学生在课堂中的主体地位，培养他们的创新思维和能力。

（三）进一步丰富教学手段

高校公共英语教师应该多应用各种新式教学方法，传统的教学模式和教学手段已经不能满足新时代的学生的学习需求。现代教学方法多种多样，比如基于建构主义的教学方法和人本主义的角色扮演法等，教师可以将其创造性地应用到英语教学过程当中。高校公共英语教师要以人文关怀为核心去构建英语课堂，从而营造良好的学习氛围，打造高质量课堂。英语教学手段多种多样，教师要根据不同阶段学生的实际情况选取不同的教学手段。比如：高校公共英语教师可以在课堂中建立英语语言的交流环境，利用现代多媒体技术，打造一个有趣的英语交流氛围，借此提升学生学习的兴趣。现代教学多媒体辅助技术可以帮助教师查询所需要的资料,学生对于网络学习的需求或者好奇心可以推动学生学习英语的积极性。在多种教学手段支撑下,高校的学生在英语课堂中可以自主参与到教学活动当中,不再被动接受知识,而成为主动学习者,这样可以充分调动高校学生在英语课堂学习中的积极性和主动性。

(四)完善多媒体设施

高校需要改进教学材料和优化资源,以满足新时代学生在教育资源或内容上的需求。在高校公共英语教学当中引入多媒体技术,可以为英语课堂营造语言氛围,提高学生的学习兴趣,对提高教学效果起到一定的作用。在英语课堂中构建英语交流环境,可以有效促进学生的沟通和交流,激发学生的学习兴趣。英语学习本身属于语言类学习课程,语言类学习不能脱离环境去单独学习,要保障让学生在英语环境中进行交流和学习。英语教师和学校应该最大限度地为学生营造英语学习的氛围,构建英语交流的语言环境。高校应进一步拓展院校英语教学的空间,扩大高校学生的视野,鼓励和启发学生的创新思维,帮助他们更好地学习英语,实现师生互动,这也可以满足高校学生对大量教育资源和教育内容的学习需求。

三、教学活动更加科学合理

(一)结合专业选取教材

就目前高校的教学环境和教材来看,公共英语课程还存在着一些问题。高校公共英语教材相对于国外语言环境还有专业需求来说,已经滞后于时代发展,公共英语课程也脱离企业用工的需要。无论是高校还是国家主要负责编辑教材的部门,在编写教材的过程中要学习国外先进的教育方式和教育理念,并在国外先进教育方式的基础上编制适合我国教育实际的教材。在培养学生方面,高校要清楚地了解培养的理念,教学活动应该具备实用性,不同专业的学生采用不同的英语教材,因材施教,以有效地实现教学目标。我国高校公共英语课程常见的弊端大都体现在这个地方,无论什么专业都采用统一的公共英语教材,内容大体一致,几乎不涉及任何和专业相关的知识内容。

(二)多说多练,实践为主

当前我国高校针对非英语专业学生的英语教育主要以公共教学为主,这种传统的教学方式很难充分满足学生的需要。英语教学是一种语言交流活动,需要交流环境,需要生活性很强的课程,同时还要涉及高校专业英语教育,大班教学几乎不可能同时具备这些功能。教师教授一个大班，涉及多个专业背景的学生，但一个教师不可能同时教授多个专业的英语知识，是无法充分兼顾的。因此，高校公共英语教学要分班、分专业、分方向去排课，最理想的教学状态就是小班教学，小班教学最大的优势就是教师可以兼顾学生，因材施教，在课堂上营造英语语言环境，且最佳班容量不能超过25人。最关键的是有条件的高校要聘请英语发音纯正的外教同学生展开交流，进而形成理想的语言交流环境，并且可以亲身讲述外国的风土人情，提高学生学习的积极性。同时，高校可以安排专门的负责人开设英语角和组织英语课外活动，增加学生进行实践的场所以及营造学生学习英语的氛围。

四、评价体系逐渐多元化

建立一个科学完整的评价体系对高校来说是十分重要的，可以更客观地反映出教学状况，使教师更加重视英语教学，同时也符合建构主义理论和人本主义理论的要求。对于高校英语教学活动来说，一套完整的教学评价方案、多元化和科学的评价体系能更为有效地支持教学工作的开展。

（一）建立学生评价体系

当前部分高校的评价体系较为单一，多以传统的英语考试成绩作为对学生评价的主要标准，这种评价方式不利于激发学生的学习积极性，也影响到英语教学的质量。高校对学生的评价方式当以学生为主体，不能以成绩作为唯一的评价标准，而应当多方面评价，包括学生的个人能力、实践能力、课堂表现等。

（二）建立教师评价体系

高校应建立一套科学的教师评价体系，激励英语教师学习和进步；不合理的教师评价体系，则会取得反向的效果。因此高校一定要建立一个多元化的教师评价体系，激励教师改革教学模式。英语教师的评价体系应该逐步完善，以英语教师在课堂和日常教学中的表现作为主要的评价标准。高校公共英语教师要积极备课、积极参加教学技能大赛、积极参加各级教学培训等，对于表现优异者，学校要给予一定的奖励。

第二章 高校公共英语课堂教学模式的改革

本章分为情感教学模式、模块教学模式、交际型教学模式、混合教学模式四部分，主要包括情感教学模式概念界定、高校公共英语情感教学模式的理论基础、高校公共英语情感教学模式的特征及原则、高校公共英语情感教学模式的应用意义、模块教学模式概念界定、高校公共英语模块教学模式的理论基础、高校公共英语模块教学模式的原则、交际型教学模式的内涵和特点、高校公共英语交际型教学模式的实施策略、混合教学模式的内涵与特征、高校公共英语混合教学模式的理论基础、高校公共英语混合教学模式的优化建议等内容。

第一节 情感教学模式

一、情感教学模式概念界定

（一）情感

情感的源头理论基础是人的思想品德形成及其发展规律。心理学界认为，人的思想品德构成是一个多维立体的结构，大致可以分为心理、思想和行为三个部分，三个部分呈现的逻辑顺序为心理—思想—行为。其中，情感属于心理部分。在《心理学大辞典》中情感的中文基本含义是"主体在体验客观事物时所产生的带有主观色彩的感觉"。心理因素在思想道德发展的进程中占据了开端位置，具有牵一发而动全身的非凡意义，开端的变化促使内外部环境互相影响进而发展成思想。因此，心理因素的发展完全会影响一个人思想的发展，必须把握心理因素，充分利用情感因素。根据美国著名社会心理学家马斯洛的需求层次理论，心理因素还决定了人的行为动机；构成心理因素的认识、情感、意志等，都能有效影响人的行为动机；良好的道德情感会产生积极的动机，反之则会阻碍人的正常思想道德的发展。由此可见，情感在人的心理发展过程中意义重大。

情感包括道德感、理智感和美感三方面，在生活中的具体表现可以是爱情、亲情，也可以是对事物的感受。情绪表达是人类最真实的情感，从心理学的角度来说，情绪与人的内分泌有关。以中学生为例，由于体内的性激素水平突然增高，身体无法适应，导致内分泌失调，并且导致了逆反心理这种消极情绪。由此可见，情绪的产生和个体内部的关系更大，而由情绪产生但比情绪更为内隐、持久的就是情感，情感是内外部因素互相作用的结果，它所包含的内容更广泛。

情感不仅可以帮助我们了解一个人的态度，还可以让我们和他人的关系有进一步的发展，而这种发展是从心理角度产生的。利用情感进行教学不仅达到了传授知识的目的，而且会形成良好的师生关系、和谐的课堂氛围。

（二）情感教学

关于情感教学，不同的学者有着不同的定义。卢家楣在《情感教学心理学》中提出："情感教学是指教师在教学的过程中，充分考虑认知因素，发挥正性情感因素的作用，完成教学目标，增强教学效果的活动。"从卢家楣的观点来看，情感教学更加注重教师的教，教师的教学目标的设立要考虑到学生的情感因素，由此来培养学生健全的人格和独立的审美情操。南京师范大学的朱小蔓教授写道："所谓情感教育，就是关注人的情感层面如何在教育的影响下不断产生新质、走向新的高度。"朱小蔓教授的观点更加注重情感教学所产生的结果。在教学过程中，可以适当地引入评价机制，通过课堂评价、课下评价等方式，检测学生的学习效果。

情感是内外部交汇作用的结果，要形成积极、完善的情感必须进行教育引导。充分利用情感推动人的道德发展的完善需要情感教学的介入。情感教学即运用以传递情感为主的教学手段，在课堂上与学生产生情感上的共鸣，充分调动学生的情感需要，引发师生共情。这一过程要求教师除了传授知识、完成必备知识的教学之外，还必须紧紧把握与知识点相联系的情感点进行升华，实现教育的价值。情感作为意识领域的存在，是人类所独有的，也是人类在社会中生存的基础，将情感的培养提升到这样的高度，对学生来说，有益于提高课堂的参与度、创建和谐的师生关系，甚至可以说是教学中的催化剂，有不容小觑的作用。我们常说教学过程是一个动之以情、晓之以理、导之以行、持之以恒的过程，其中，"动之以情"是起点，只有有兴趣，才会坚持下去，才能达到"持之以恒"的目的。

目前，我国正在推行的素质教育是促进全体学生全面发展的"通才教育"，实行的是一套相对公平、公正、公开的人才选拔机制，但实施高考政策无论从过程还是结果来看都较为强调分数的重要性，容易忽视教育过程本身对立德树人概念的强调。要实现人的全面发展，向学生传达正向的理念以形成正确的三观，就需要情感教学的平衡，不仅要以"分"为主，还要兼顾"德"的培养。

教学是学校教育的关键。动物界也有学习行为，但动物界没有教育行为，教育教学是人类的特殊活动，活动的双方都是人，都是有思想、有情感的独立个体。教学通过发挥教师的主导作用和学生的主体作用促使学生朝着教学目标规定的方向发展。教学活动表面上是传递认知信息的活动，实质上却是依靠情感纽带而结成的双边关系，正所谓"亲其师，信其道"。然而，在人类漫长的教学实践活动中，情感因素的作用被忽视了。这不仅导致教学的种种失衡现象，使教学的功能受到限制，而且影响现代教学的进一步发展。今天，素质教育将人的全面发展再度确立为我们培养人的重点，情感教学成为教师的一个选择。

情感教学就是指教师在教学过程中，在充分考虑知识目标落实的同时，充分发挥情感因素的积极作用，以落实英语学科核心素养、增强教学效果的教学。在这样的教学活动中，认知因素和情感因素才能和谐统一。从教学发展的历史和现状来说，情感教学是对教学实践中长期以来所普遍存在的重认知因素、轻情感因素现象的匡正。因此，它着重捕捉情感因素，提出相应的情感教学理论，促进教学实践发展。

值得注意的是，根据学校教育对学生发挥作用的条件性，情感教学作为一种教学方法不仅要求教师注重教学情感的投入、重视学校的设施设备等，还对学生的基本能力有一定的要求，如学生要有一定的学科基础知识、良好的家庭教育氛围等。

二、高校公共英语情感教学模式的理论基础

（一）朱小蔓情感教育理论

朱小蔓教授是我国当代情感教育理论的倡导者和先行者，长期以来，她坚守自己高尚的道德品质，秉持高度严谨的学术责任，在我国情感教育研究领域发挥着引领作用。朱小蔓教授认为，"现在道德教育存在的问题是对人的思想根基重视不够、聚合不够。人的所处关系，始发于关系的胚胎——亲子关系，如果亲子关系没有搞好，就会影响以后与其他人的关系。所以，我们主张道德教育回归到最早的亲子关系中，回到儿童时期学校教育的师生关系、生生关系中"。因此，学校生活中师生之间的依赖关系虽不以血缘关系为基础，但是学生的情感发展需

要教师的引导，对此，朱小蔓教授曾指出，"教师的情感资质和人格魅力，对青少年儿童道德情感发展和整个美好心灵的形成，从一定意义上说，具有决定性的作用"。因此，教师要从职业认同、提升道德水平、扩充知识储备等方面促进学生的全面发展。

（二）情感教学心理学

很多学科的发展都以心理学为基础，师范类教育、教师的职前培训都要求对心理学和教育心理学有非常深入的学习，情感教学也不例外。情感教学心理学扩充了心理学和教育心理学的内容，并为情感教学的实施应用提供了心理学基础。

情感本就属于心理系统，对心理学的依赖也更强。随着教学理念的丰富完善，情感教学心理学被提出来了。情感教学心理学主要以情感心理学为基础，同时与心理学、教育心理学等学科都有联系，研究的是情感教学。根据卢家楣在《情感教学心理学》中的论述，情感教学心理学在情感心理学的理论之上加入了实践教学中的可考查因素，揭示出了情感教学的一般规律和情感的教学功能。

情感教学心理学还针对情感的表露方式提出了见解。基于情感心理学，微表情是一种隐秘而又客观的情感表露方式，在教学中，教师也可以通过观察学生的微表情、肢体动作，尝试理解学生的内心活动。

（三）人的全面发展理论

人的全面发展理论是以马克思的共产主义理论为基础阐述的科学思想，最早是作为共产主义社会的发展目标在《共产党宣言》中被提出的。人的全面发展在当时指的是在社会生产的过程中每个人不仅要发展体力、智力，将劳动作为促进发展的手段，而且要尽可能多方面地、发散地发展，其中最根本最重要的是劳动能力的发展，后来提到还应包括个人素质和品质的发展。今天，更突出强调的是人的才能、兴趣、性格、道德品质等多维度的发展。全面发展不是与其他能力并驾齐驱的发展，而是有差别的发展，但最终要达到平衡。马克思在《1844年经济学哲学手稿》中指出，只有教育才能实现人的全面发展。同时，马克思还认为由于人的社会性，人的全面发展理论会随着社会的不断发展呈现出永无止境的趋势。马克思阐述的关于人的全面发展学说是我国确立教育目的的理论依据和基础。虽然我国提出的素质教育早就将全面发展纳入了学生能力的培育范围，但传统的教育方法、教学目标以及最后的检测方式都更加偏向于对成绩的重视。这就很难真正落实人的全面发展目标，容易培养出高分低能、眼高手低的学生，总之它与我国当前的人才培养目标是不匹配的。而情感教学恰好弥补了这一不足，它从学生的生活实际出发，充分把握学生的情感诉求、个性差异等，培育学生的兴趣、性格、道德品质等。由此可见，人的全面发展理论和情感教学的核心理念是一致的。

（四）人本主义学习观

人本主义心理学认为，人并不是像行为主义描述的那样只是对刺激做出反射，而且不同意忽视人的情感、本性对学习的影响，还将学习划分为两大类，其中的无意义学习就是架空学生实际、社会实际的学习，有意义学习才是真正符合学生发展规律的教学方式。有意义学习的四要素中就包括情感参与，说明了学习的过程不仅仅是认知的过程，只有调动学生情感才能真正实现有效学习。

美国心理学家罗杰斯作为该学派的代表人物提出了课堂活动中必须有一定的要求和原则供教师和学生遵守，尤其要关注学生的自尊。罗杰斯强烈地反对教学中教师一言堂的模式，提出了非指导性教学原则，"非指导"从字面意思上看似是放任不管，其实是利用教育对象的特殊性，给予"非直接性"和"非指令性"的指导，不是简单粗暴地命令学生而是去启示引导学生。但这种让学生自主学习的可能性建立在考虑了学生情感、思想的基础上，师生有更加和谐的关系，课堂有更融洽的气氛，学习效果也更好。可以看出，人本主义学习观的观点集中在要尊重学习者和帮助学习者参与到学习过程中，这与情感教学的核心观念相吻合。

（五）马斯洛需求层次理论

美国著名社会心理学家马斯洛认为，人的行为起源于分为多个层次的需求。该理论认为，人的生理需求被划分在最底层，而爱、尊重、安全、归属等属于中等层次的需求，最高层次的需求是人在实现低层次需求后的奋斗目标，即自我实现。学生的心理发展需要爱与尊重。这就要求高校英语教师在教学过程中要尊重学生的心理发展状况及情感需求，尽最大可能表现出关爱、关心与尊重，将他们引导到正确的方向和道路上，帮助他们找寻自我、实现自我。如果父母在孩子的婴幼儿时期没有倾注足够的爱，给予足够的呵护、足够的食物和其他基本生存必备品，孩子在成长中、成人后都极度需要安慰感，这会影响孩子的社会生活。同理，在青少年接受学校教育时，教师如果无法给予学生足够的关注、深入了解学生的需求，就会造成学生在社交需求、尊重需求方面的缺失。

基于马斯洛需求层次理论构建和谐的师生关系，首先需要学校提供完善的设施设备和良好的学习氛围来满足学生对生理和安全的需要；其次要提高教师的教学水平，在学习与社交方面为学生提供正确的引导；最后教师必须具备充实的教育心理学理论，主动了解学生、尊重学生，推动教学双边发展。

三、高校公共英语情感教学模式的特征及原则

（一）高校公共英语情感教学模式的特征

1. 感染性

情感会在主体间相互感染，通俗来讲表现为某个人或某些人的某种情感使周围其他人在思想上或感情上因相互感染而产生的相似的情绪，即我们平时所说的引起情感上的共鸣，如当我们观看电影时，会因角色喜而乐，因角色苦而悲。教师在教育教学过程中与学生互动交流时所流露出来的情感，对于其他学生来说就是一种外部刺激。如教师在道德与法治课教学中表现出来的对家乡丰富物产的热爱之情会使学生产生强烈的共鸣，情感上受到感染，从而增强以自己家乡文化以及物产的自豪之情。同时，在一些教师和学生共同关心的社会、校园、班级热点话题上，师生在面对相同的情感信息时也会产生相似的情感与主观体验，如为了早日战胜新冠肺炎疫情，全体师生一同行动，共同为战胜疫情而出一份力，尽一份责，这一过程就是实现情感相互传递的过程，以此达到情感上的共鸣。另外一种是"由于感觉到他人正在体验一种情绪而使自身产生的情绪性反应"，即共情。通俗来说，共情是一种能够感受被分析者感受的能力，也是一种心理分析的技术和产生治愈效果的重要条件。一个人的共情能力强，就可以深入他人的内心世界，了解其当下的真实感受。对于教师而言，要能够体察学生的情感细微之处，通过学生的眼睛体察他所处的环境，将自己的身份切换为学生，用学生的态度去感悟生活、确定每个阶段的目标，把学生的需求当作自己教育教学工作的立足点。教师可以通过各种方式渗透情感教学法，以一个学生的视角去窥探教育过程中学生出现的问题，站在学生的角度挖掘点滴闪光点，使教师与学生心与心相通、情与情相融，形成一个有机整体，使课堂呈现出强烈的情感共鸣状态，使课堂的良好体验贯穿于知识的传授、情感的传递中，让学生在教育教学活动中更加积极地自我表现。

同时，在教育教学过程中，学生既有对课堂积极正向的情感体验，也有对课堂被动消极的参与体验，在此过程中，教师应该控制好课堂的节奏，能够合理地利用积极因素，同时也能预设学生产生的消极因素，并将消极体验及时改进，从而更好地转化为积极正向的情感体验。在日常教学中，教师应指导学生正确地利

高校公共英语的课堂教学改革研究

用正性情感和调控负性情感,化消极为积极,化不利为有利。如果教师的输出与学生的接受存在裂痕,会使得学生无法接受教师的授课,产生压抑、逃避、反抗的不良氛围,进而导致师生关系的不和谐。这种现象的出现鞭策着教师提升自己的内在水平,追求更高的目标,这就需要教师从教材的分析、教学的调整、学情的把握、重难点的分析、教学目标的设立等方面进行优化,让自己的教学充满兴趣点,从而让学生有更强的获得感和更多的收获,促进课堂的可持续发展。

2. 科学性

科学性包括自然科学性和人文科学性,即学生的身心发展规律和高校公共英语课程的内在科学性。

从自然科学角度来说,情感教学符合科学的教育规律及要求,其中包括学生的认识能力、知识结构及情感需求等因素。教师作为情感教学的主体必须遵守情感教学科学原理,根据学生的心理发展水平安排教学活动。根据瑞士心理学家皮亚杰的认知发展阶段理论,高校学生已经具有了抽象思维,对各种事情也更加有主见,作为教师不能压抑这种发展趋势,而是要鼓励和指导他们自己做决定(通常这一步是建立在师生关系和谐的基础上的)。除此之外,情感教学的科学性特征通过教学目标的制定、情感教学的落实过程体现,紧扣学生当前的身心发展状况得以显现。教师采用情感教学模式,使现有的教学知识、手段、资源等都得到合理配置,使师生关系更加和谐,使自主学习氛围更加深厚,促进当前高校公共英语教育活动的完善。

3. 调节性

调节性符合朱小蔓教授所提出的现实性与超越性相统一的原则。调节性是指学生在公共英语课上通过情感教学有所收获,收获成功既形成了替代强化,激励其他学生,还形成了直接强化,促进学生继续努力,以实现调节作用。体验成功也是情感教学的一个重要步骤,通过品尝成功的喜悦,在内心形成对成功意识的认同,有助于学生在学习中乃至日常生活中树立自信,产生积极的自我认同。受传统教学模式的影响,部分学生缺乏对自我的认同,往往在失败后很难得到肯定和鼓励,严重影响学生的长久发展。因此,情感教学就是从学生的情感需求出发,着眼于学生的长远发展、终身发展。基于这一特性,情感教学这种模式会在学生成功后进行强化,帮助学生产生正向的自我认知;即使学生失败了,也要给学生以鼓励,帮助其走出困境,教会他自我调节的方法,继而在收获成功中继续前进。

4. 发展性

与传统的教育相比，素质教育更强调使学生获得全面的发展。情感教学法的发展性正是对素质教育中促进学生全面发展的深刻阐释。对于教师而言，素质教育有利于教师教学的精进。一方面，学生是具有差异性的，学生的身心发展与个性表现存在着差异；另一方面，情感教学的实施没有一定的程序和规律可遵循，因此在情感教学的具体操作中，教师需要不断地调整教学目标以适应学生的差异性和教学模式的多变，由此有利于教师更好地掌握教学技巧，做到因材施教，以教法促学法，促进学生的个性发展。教师运用情感教学法能够激发学生的潜能，培养学生在思考问题时的创新思维，开发他们多角度解决问题的创新能力。对于学生而言，在情感教学法实施的过程中，学生和教师的心灵距离更加贴近，教师可以从多方面关注学生，而不仅仅局限于课堂，因此能够和学生群体更好地相处和交流，在这一过程中，教师可以引导学生正确地生活，正确地看待自身的变化、正确地与周围人相处，关注每一个独特个体的个性发展，引导他们形成积极向上的正确三观，更好地促进个性发展，使他们的人生目标得以确立，成为有理想、有追求、积极上进、对社会有用的人。因此，情感教学法发展性的特点与当前的教育理念和新课改理念是深度契合的，较好地体现了"为了每一位学生的发展"的新课改精神。

（二）高校公共英语情感教学模式的原则

1. 以人为本

以人为本是教师应该树立的科学的教学观。以人为本的"人"指的就是学生，从学生出发，包括从学生的社会地位、心理状况、认知发展水平等方面出发。一方面是从学生的非智力因素出发，把握学生的非智力因素发展水平。另一方面，教师要尊重学生，以平等的地位和学生交流。如设置的课堂讨论环节不仅可以是学生间的讨论，也可以是师生间的讨论。在这种讨论模式下，既可以了解学生对问题的理解程度，又能及时给学生正确方向的引导。又如习题课应该转变为学生做完习题后由学生自己思考分享答案及解题思路，教师可以汇总学生无法解决的问题进行讲解，讲解时不是直接给出答案，而是提供思路，尽可能地让学生自己去尝试解决。新的教学模式让教师不再自居高位，消弭了教学主体间的理解鸿沟。

2. 因材施教

因材施教的"材"指的就是学生的实际情况，即依据学生各个方面的实际情况进行教学活动。情感教学最关注的就是学生情感的需求。"一切为了每一位学生的发展"，每一位学生都是独立的个体，都具有不同的性格特征、智力发展水平、认知能力发展水平，都受到原生家庭及后天教育的影响。

高校英语教师应培养学生的创造力。教育本身的目的是使学生去刻板化，使每个人都有自己的独特之处。因此教师不能完全管理学生的方方面面，而要促使学生独立学习、解决问题。在这种能力的基础上，学生会产生自身独立的个性，从而成为一个个性化主体。

3. 真实严谨

情感教育以情感为主题、前提和重点，用真实、真诚的情感才能真正把握学生的所思所想。要做到真实，就要使知识与学生的生活紧密联系，也就是说，要生活化。教育的目的是帮助受教育者创造新的生活、享受新的生活。因此，教师需要整合课堂中的情感，尊重每个学生，利用积极的情感来与学生进行沟通，并努力调动和催生课堂中的情感。在进行知识的交流时，要始终保持科学严谨性，并教会学生用全面客观的眼光看待问题。情感教学要注重真实性与严谨性相结合，发展学生解决实际问题的能力，并帮助学生更好地融入社会生活。

在融入真情实感的生活化例子以外，教师还要遵循严谨的原则，在内容设置上教师必须明确各部分在严谨性上的要求，力求学生语言表述精确，能从多维度进行缜密思考，能使学生言之有据。

4. 民主平等

师生关系可以说是教师最主要的人际关系，在师生交往中，教师的态度、方法等都反映了教师的道德素质。新时代也给教师提出了新的要求，教师需要照顾和尊重学生，将他们视为独立自主的人，并建立民主与平等的师生关系。确保教育对所有学生公平公正。要考虑到学生是正在发展的个人，有优点也存在缺点，因此要体谅、包容学生。

师生之间相互尊重是高校公共英语课中有效实施情感教学必不可少的前提条件。许多人认为学生需要"尊重教师，尊重道德"，学生应该服从教师，而学生被教师批评也就更不足为奇了。实际上，学生虽然很年轻，但他们也有自己的见解，需要得到别人的尊重。因此，尊重所有学生是教师必须要做的事情，让学生感到教师对他的尊重，知道自己与教师处于平等的地位。学生将愿意接受教师的教育，并且可以努力使情感教育的结果超出预期。如果某个学科的教师充分尊重学生的学习活动，并肯定他们的积极观点，那么他的学生将对下一堂课充满期待，学习该学科时会充满热情、兴趣和动力。

5. 寓教于情

寓教于情要求高校英语教师在课堂上设计的教学活动和创设的教学情境能够让学生体验到学习的乐趣。如果忽视寓教于情，忽视课堂的氛围，那么教学活动的开展只会越发艰难，因为学生不愿主动学习，甚至会因为课堂过于枯燥乏味而产生抗拒情绪。因此教师必须重视学生的情感诉求，利用各种各样的教具丰富课堂内容，充实课堂环节，学生也会愿意参与到课堂中有趣的教学活动中来，就像做游戏的过程，实际上是在实践中获得了知识。

总之，高校英语教师应用情感教学时要着眼于教材与情感之间的联系，积极通过情感教学落实知识目标与能力目标，对课本知识进行升华，激励学生思考、探索和创新。

四、高校公共英语情感教学模式的应用意义

（一）激发受教育者的学习动机

积极培养学习者的内在动机，有利于提升学习效果，也有利于英语教学迈入新的发展阶段。教育者应加强对学生性格、兴趣以及学习策略的深入分析和研究，以此分析其学习动力，强化对学生的多元化鼓励，从而使其养成良好的学习习惯，避免学生在学习过程中丧失学习自信。虽然内在动机与外在动机有所区别，但在培养学生的学习动机时，也要积极为学生营造良好的学习环境，才能促进学生在学习过程中感受语言的魅力。例如，教师可为学生提供多元化英文故事，引导学生在阅读时享受到愉悦的快感，以此激发其阅读兴趣，促进其积极主动地学习英语。随着高校的精英教育逐渐转为大众化教育，教师应积极向学生介绍英语的用处，以此引导学生了解语言学习的价值。传统英语教学使语言教学沦为工具性教学，不利于学生感受英语的魅力，因此，教师应引导学生了解学习多元化语言的价值，以此提升学生对英语学习的重视和关注。例如，目前许多企业都要求学生掌握流利的英语，这说明提升英语能力有利于学生提升就业竞争力，可使学生加强对语言教学的重视和关注。

（二）培养受教育者积极的态度

为使受教育者形成积极的态度，教师应全方位了解学生在语言学习时的表现。

高校公共英语的课堂教学改革研究

但目前有部分学生认为自身专业与英语关联较小，因而对英语学习持消极态度，还有部分学生因英语成绩不高而丧失学习自信。教师应通过沟通和互动了解不同主体的学习态度，并基于其存在的错误想法进行有针对性的引导，以此促进学生加强对英语魅力的感知，从而积极主动地学习英语。不可否认有部分学生在毕业后用到英语的概率相对较低，但随着学生的不断成长与发展，多掌握一门语言，有利于其迈入更广阔的发展空间。由此可见，英语教学对所有学生都比较重要。受教育者感知到英语学习的价值和意义，才能以积极的态度面对语言学习，并在语言课堂中积极参与发言。引导学生了解英语的价值，是培养其积极态度的有效办法，因此教师在课堂教学中可引导学生加强对英语用处的全方位认知，以此培养其积极的学习态度。

（三）有利于建立和谐的师生关系

在新课程改革的落实过程中，教师和学生的关系有一个重大的改变，即地位上的变化，学生成了课堂的主体，决定着课堂的发展方向。高校英语教师要注意学生不是被动接受知识的"存储器"，而是课堂的主体，是处于发展中的、有差异的、个性化的人。学生地位的变化表明教学主体地位的变化，平等和谐的教学双边关系有助于提高教学质量。我们经常可以看到这样的学生，由于厌恶某一学科的教师而厌恶这一门课程，最终耽误了自己的发展。而这种厌恶情绪产生的根源是什么呢？现在较为普遍的说法是因为有些教师没有注意教学互动中的公平性，对待成绩不同的学生的态度有明显差异，忽视了学生自尊心的存在，这些教师就忽视了学生情感发展的重要性。高校学生有强烈的情感需求，包括亲人给予的、朋友给予的，还有教师给予的，如果教师忽略了情感的培育，不仅很容易造成学生学习上出现问题，而且会严重影响学生的生活质量和社交能力。因此，利用情感教学是改善教学主体关系的充分且必要条件，教师的仁者之心连接了教师和学生的内心世界。在高校公共英语课中应用情感教学是促进师生交流的有效手段，教师平易近人，用爱教学，学生自然会爱上学习，主动参与学习，及时给教师反馈，实现教学双向的发展。

（四）营造和谐的语言学习环境

为强化对教育主体的尊重，教师应积极为学生营造良好的学习氛围，也要在课堂中为学生提供多元化情感体验，以此确保学生在自由的氛围中积极主动学习语言。语言课程本身具有较强的实践性，其中存在的理论性内容也相对较多，为学生提供更多实践和语言应用机会，能确保学生在进行相关理论知识学习时，加强对理论知识的全方位把握。因此高校可积极开展多元化实践活动，引导学生在课外时间加强对语言知识的全方位认知。例如，高校可利用多元化口语比赛、作文交流等实践活动，引导学生加强对语言学习的重视和关注。传统的分层式教学有利于学生成长，也能加强对学生主体地位的尊重，但处于较低层次的学生容易出现消极心理，特别是一些学困生在学习时会出现内在动机不足和学习态度消极等问题。针对此现象，教师可在分层时强化对学生意见与建议的关注，并基于学生意愿进行合理分层，以防止学生在分层学习中丧失学习自信。

第二节 模块教学模式

一、模块教学模式概念界定

（一）模块

"模块"主要包含三种含义：一是泛指工业中标准尺寸的零部件，二是指计算机硬件中专门用来组合和替换的硬件，三是指软件系统中具有独立功能的一个部分。总结来看，"模块"可被理解为"可以独立于整体存在的一个部分"，具有独立性及自足性。独立性是指每一个模块虽然都是整体的一个构成因素，但其自身完全可以独立存在；自足性是指模块在离开整体后，仍能够存在并发挥作用，其自身也是一个独立的整体。

（二）模块化教学

模块化教学是指将许多能够独立、自足的教学模块组合而成的一种教学模式，具有自洽性、独立性、层级性等基本特征。自洽性是指每个教学模块都拥有完备的教学内容和组合规律，这是模块化教学与传统学科教学依据学科体系组织教学的根本区别。模块化教学以培养和提高学生的能力为核心，依照特定主题的层次结构或问题的解决过程来实施课程教学。自洽性为独立性提供基础条件，每个教学模块都是独立的教学单位，必须包含一切教学要素，如教学重难点、教学内容、教学方式、教学软硬件资源等，才可以独立地完成一定的课堂和教学任务。尽管教学模块具有独立性，但也可以把有关联的教学模块组合在一起。层级性是指可将多个模块按逻辑递进的形式组合为更高级的模块。

模块化教学虽是基于"主题"形式的，但实际上是"以学生为中心"的。一方面，模块化教学根据学生的基础水平和学习需求将知识分为小模块，然后根据

高校公共英语的课堂教学改革研究

能力需求将它们整合在一起，将学生能力培养这一主旨贯彻在确定主题与目标、选择与组合模块内容、配备教学资源之中；另一方面，模块化教学起源于个别化的学习包，随后慢慢发展形成一种体系化的成熟教学模式。所以，模块化教学的根本特征是以学生为主体。

模块化教学存在广义和狭义的区别：前者是指以模块化的形式设计某一专业所有课程的教学结构，即将某几门课程整合为一个大教学模块，然后把多个这样的大教学模块整合形成某一专业的课程计划；后者是指将一个课程的某几个方面知识作为教学模块，每个模块都需要完成其对应的教学目标。

二、高校公共英语模块教学模式的理论基础

（一）多元智能理论

多元智能理论就是认为任何人身上展现的智能都包含很多领域，如数学计算、身体柔韧度、唱歌、运动、设计、语言等很多方面的智能。在多元智能理论提出之前，大家普遍认为成绩好的人智能水平高，成绩低的人智能水平低，这样的判断方式过于狭隘。如果一个体育健将的成绩不好，传统观念就会认为他的智能水平不高，这样就忽略了他在其他方面的智能体现，采用传统观念很难客观地评价一个人的能力水平。

多元智能理论提出，所有智能都代表一个人的特殊性，他可以用这个智能为社会做出贡献，并且多元不是狭隘地规定哪些方面是智能的体现。一个人到底有多少个智能是需要一直去探索的，而不是找到一个两个就可以了，人的潜力是无穷的，因此，人对智能的探索也是无穷尽的。

多元智能理论认为，不同的人在同一种智能的体现上也是不同的，我们不能用统一的评价标准去评价相同的智能。因此，也很难去评价一个人的智能水平。在教学过程中应用多元智能理论就要平等地对待每一位学生，针对每一位学生的个体特点和差异性因材施教，另外在对每一位学生的成绩进行评估时也需要为他们设置一些个性化的评价标准，以此来促进学生的发展。

同济大学的徐朔教授认为可以将学生的智力划分为抽象思维和形象思维两种，抽象思维能力强的学生适合研究学术，形象思维能力强的学生适合钻研技术。

应用模块化教学法授课时，应该更多地依据学生的学习过程进行评价，将评价手段从试卷成绩转变为过程性评价，评价的对象也不再局限于教师，采取学生本人、小组成员、其他小组等作为多元评价的对象，最终获得相对客观的学生评价。

（二）建构主义学习理论

瑞士儿童心理学家皮亚杰基于对儿童心理发展的研究提出了建构主义理论，他创立了日内瓦学派，并且在多年的研究中发现，儿童主要是通过"同化""顺应"过程与外部环境进行相互作用，从而不断地完成对意义及知识的建构，实现自身认知的发展。此后，其他心理学家在皮亚杰理论的基础上做了进一步的拓展研究：有学者对认知结构的性质与发展要求等方面进行了相关研究；也有学者认为，个体的能动性对认知的建构具有重要作用，因此对个体怎样在认知中提高能动性进行了相关探究；还有的学者认为，学习者面对的社会文化及历史背景对个体的认知过程具有重要作用，因此创立了"文化历史发展理论"。这些研究使建构主义的理论内容得到拓展，为其在教学中的实际应用奠定了扎实的理论基础。

建构主义学习理论是在儿童的认知发展理论基础上提出来的。对于个体来说，学习与认知发展之间是息息相关的，所以建构主义学习理论能够对个体学习过程中的认知发展规律、意义及知识建构、概念形成、学习环境构建等方面做出较好的阐释。建构主义学习理论认为，知识是学习者在特定的环境中，在他人的协助下，通过主动建构而习得的，所以在这一过程中，学生成为课堂的主角，教师是帮助其进行意义建构的引路人，而不是知识的灌输者，其职责就是引导学生用更高效的方法对问题和所学知识进行思考与交流，同时还要营造利于学生反思、实践、自主创新的课堂教学氛围，充分激发其潜能，促进学生全面发展。

模块化教学参照建构主义学习理论，强调了学生在课堂教学中的中心地位，让学生对知识进行主动构建，自主学习、探索、发现、分析并解决问题；与此同时，在某一课程的模块化教学中，教师应收集、筛选、准备充足的教学资源，创设真实的学习环境，适时地与学生进行交流和互动，采用多元化的教学方法，激发学生学习的积极性和创造性，提高教学质量。

（三）实用主义教育理论

杜威作为 20 世纪美国实用主义教育学的开创者，其实用主义教育理论指出教育即生活，教育即在生活中进行学习，教育即儿童的生活过程，从实践中获得经验，因而教育需要通过人与社会等各种力量的配合来确保儿童的健康成长，所以他认为教育过程即教育目的。

此外，杜威还提出"学校即社会"的观点，认为校内学习需与校外学习衔接起来。他批判了以"课堂""教材"和"教师"为中心的传统教育，提出教学应

"从做中学"，提倡开设活动性课程，让儿童从实践中学习经验，使知识的习得与生活中的真实活动相融合，以"儿童""活动"和"经验"为中心，也就是说，在课堂中，要围绕儿童推动课堂教学，通过各种实践性活动组织知识内容，将获得实际经验作为学习目的。

实用主义教育理论使学校与社会不再分割，为学校的实践教学奠定了思想和理论基础。在进行实践教学时，应严格依照"从做中学"的原则，以学生为中心协调课堂关系，通过实践性活动组织教学内容，围绕实际经验来开展实践活动，让学生在实践中积累经验、发现问题，进而通过所学知识寻找解决问题的途径，最终解决问题，达成学习目的。

三、高校公共英语模块教学模式的原则

（一）合理划分灵活组合原则

在划分模块时要遵循教学大纲的要求，参考企业岗位要求合理地划分教学内容模块。同时要注意学情以及学时的安排，合理地选择教学内容融入模块划分中。只有这样划分模块，才能让学生充分地掌握各个模块的内容。划分后的模块必须涵盖课程教学大纲中要求学生掌握的全部知识点。另外，在划分模块时还要保证重组模块的灵活性。

（二）培养综合能力原则

模块化教学将教材内容划分为知识模块，让学生在实践活动中运用掌握的理论知识。在划分模块时可以参考就业岗位要求，全方位锻炼学生的实践技能，培养学生的综合能力。

（三）多元动态评价原则

传统的教学往往根据考试成绩以及课堂纪律去评价学生。在信息化时代，高校公共英语教学在评价时应改进传统评价方式。模块化教学法应采用多元的动态化评价方法，教师在教学过程中，对学生从团结协作、独立思考、创新能力等多方面进行考核。而学生不仅可以根据小组合作的表现对自己的组员进行评价，还可以依据自己的学习情况、在组内的表现等方面进行自评。在课堂上应用多元的评价方法，可以使学生不再因为成绩不理想而丧失学习兴趣，而是通过及时动态评价让学生收获成就感。

四、高校公共英语模块教学模式的应用策略

（一）合理设计基础教学模块

在高校公共英语教学的过程中可以充分利用模块教学模式，其关键在于对教学模块进行科学合理的设计。一是必须满足高校英语教学开展的需求；二是学生的积累水平也得到强化，并且促进学生的英语实践能力得到提升。基于此，在设计教学模块时，必须对高校的实际教学情况、教材内容以及学生的专业分布等因素进行综合考虑，提高大学生学习英语的能力。另外，教学内容的设计必须分层进行，并且在设计的过程中对学生的个性化特点要尤其注意，利用有效的教学措施达到促进学生英语表达能力提升的目的。

（二）合理利用现有英语教材

为了使英语模块化教学模式能够融入高校公共英语教学中，就要对相关的教学资料进行合理的利用，使课堂的教学内容得到不断丰富。此外，一个教学阶段设置的模块是促进开展模块式教学的前提和有力保障，教材和资料的使用也要以其为基础。但是这并不能说明教材不重要，而我们需要做的是对现有教材进行合理的开发，不同专业的学生可以选取一些符合专业授课情况的辅助性资料。此外，高校设定的所有教学目标都要在规定的时间内保证完成，对学生的英语实践能力不断进行强化，使现有的课程内容得到补充，确保学生所做出的选择是符合自己学习情况的，并具有一定的针对性。

（三）突破传统高校英语教学方法的束缚

在传统的教学模式下，教师在英语教学中始终占主导地位，而处于被动地位的则是学生，学生只能被动接受教师所讲授的知识。长此以往，师生间的距离越来越远。所以，我们要敢于突破传统的教学模式，要体现出英语学习中学生的主体地位，在课堂教学顺利进行的基础上，有必要增设一个课堂讨论环节，从而拉近师生之间的距离，增进感情，加强交流，活跃课堂气氛。通过师生间更为丰富的交流，可以提升学生的课堂学习效率，学生也能更深入地理解自己所学习到的内容，而不是浮于表面，学生就可以在学习中融入自己所学习到的英语知识。

（四）构建英语教学平台

目前在各行业的发展中，信息技术都被应用其中。高校在改革公共英语模块

教学模式时也在倡导将现代化技术充分融入教学中，以此为前提，才能促进相应网络教学平台的构建。在高校公共英语教学中利用模块教学模式，可以将多媒体技术运用其中，进一步丰富英语课堂内容，有效促进英语教学的趣味性得到强化。此外，网络教学平台的优势是其具有独特性，不仅仅以校内的教学资源为主要资源，而且还可以对网上资源加以充分利用，使英语课程更加丰富，更有新鲜感，激发学生的学习兴趣，使学生积极主动地学习，提高他们的实践能力。

第三节 交际型教学模式

传统的高校公共英语教学模式向跨文化交际型英语教学模式转变是时代发展和人才培养的需要。教师、学生、教材和考试作为英语教育不可或缺的四个主体，在教学转型的过程中显现出不适应性，从理念和行动上都需要转变。此外，多元文化教学和非语言交际能力培养等问题在新的教学模式下逐渐成为重心，这种新型英语教学模式意在强调培养辩证的文化意识和对待文化差异的独立判断能力，使学生在离开大学教育之后的社会生活中，仍能以正确的认知看待文化差异，成功实现跨文化交流。

在经济全球化发展前提之下，世界已然进入了"地球村"的模式，随着交通的便利、网络的发达，各个地域的国家以及民族之间的交流越发频繁。基于此，跨文化交际已然成了一项重要的研究课题，各大院校在近20年也相继研究开展不同的教学模式，希望能够完善这一重要的教学内容。英语作为世界性语言，更被列入了跨文化交际当中的重点研究项目，但是一系列的教学研究表明，我国高校的跨文化英语教育还仅仅处于初级阶段。

一、交际型教学模式的内涵和特点

交际能力最初的定义为"什么场合说什么样的话、什么时间适合说话"。交际能力具有四个特点：语法性，相当于语言能力；可行性，即可接受的程度；得体性，语言要符合即时场景，恰到好处；现实性，即交际语言是实际生活中使用的语言。交际能力的重要性不言而喻，交际型教学法可以在一定程度上帮助学生学习英语。

在高校公共英语教学中运用交际型教学法，一般需要注重三个学习原则：沟通原则、任务原则、意义原则。沟通原则是需要在一定的沟通情境中来增强相应的学习效果，任务原则是通过语言沟通来完成相应的教学任务，意义原则是要对学生能够产生一定的影响。交际型教学法的核心是可以用语言去学和学会用语言，教学目的就是让学生获得相应的交际能力。

二、高校公共英语交际型教学模式的实施策略

（一）提升英语教师的文化素养是关键

部分英语教师在课堂教学中都将语言基础知识和技能的掌握视为最重要的教学目标，漠视跨文化交际意识的培养。只有少部分教师能有意识地融合其他优秀文化，关注学生对文化知识的掌握情况、文化理解的达成程度，从而实现对跨文化交际意识和能力的培养，以顺利进行中西方文化交流和中国文化传播。事实上，将提升教师的文化素养放在首要位置进行突出强调并不是认为现时高校英语教师的文化素养多么差，相反，目前大部分高校英语教师都拥有研究生及以上学历。而之所以将教师自身的文化素养放在如此显著的位置，主要是因为文化是一个历史的概念，时代在更迭，相应的文化也在不断更新、变化和发展。如今外语教学的使命不再是单一的学习西方文化，而是肩负学习西方文化、传播中国文化的双重使命。如此一来，英语教师也需要正确把握新时期对人才培养的要求，摒弃自己教学过程中不契合时代要求的方面，努力将学生培养成未来站在世界舞台上用英语向世界诉说中华文化的博大精深的跨文化交际人才。教师可从纠正偏颇的英语学科认知、树立正确的文化教学理念、丰富和完善文化知识结构三个方面不断提升自身的文化素养。

1. 纠正偏颇的英语学科认知

高校英语教师均认可语言与文化唇齿相依、语言的学习必须是基于文化的学习这一观点。虽然能够意识到英语教学中文化因素的重要性，但是还有部分教师对英语学科的认知仅停留在表面，没能真正地认识到跨文化交际意识的时代价值。一部分教师仍然倾向于采用传统的教学模式、使用单一的教学方法和教学工具来渗透有关文化内容，但却发现这样很难激发学生文化学习的兴趣，跨文化交际意识的培养也就不了了之。另有部分教师成长于应试教育的背景，他们坚信唯有采用传统的教学方法，重视传道授业解惑，重视语法讲解才能提高学生的应试成绩，而这样的教学一样能够培养出合格的外语人才。英语教师必须清楚地认识到英语学习是为了与人沟通、交流，而不是为了做题考高分。我们常常发现，不少语法知识掌握熟练、语音语调听来自然、英语成绩名列前茅的学生一旦面临真实的语言环境与他人交际时，却表现得磕磕巴巴、茫然不知所措，究其原因就是因

为不了解英语国家的文化背景,对于什么场合该说什么话很茫然,出现交际障碍。学生的语言能力并不代表所有能力,因此,教师必须纠正自己对英语学科的偏颇认知。一是教师要正确认识英语学科的巨大潜力,提高对培养学生跨文化交际意识重要性的认识。二是教师要坚决摈弃功利主义的英语教学观,英语学习不只是为了考试和升学,它能够让更多的孩子拥有国际视野,让更多交流走向世界。三是教师要努力引导学生理解世界文化的多元交互,在英语教学实践中开拓学生的视野,培养学生在国际舞台上交际的能力。教师对学科的认知就像航船上的"船舵",操纵着整个"英语航行"中的方向,其重要性不言而喻。

2. 树立正确的文化教学理念

教师在对英语学科有正确认知的基础上,需要形成正确的文化教学理念。倘若教师没有树立正确的文化教学理念,最直接的后果就是想当然地认为文化教学附属于语言教学,不能很好地认识文化教育在英语课堂上的作用,从而出现了语言知识反复讲、文化输入基本无的现象,学生的跨文化交际意识自然难以得到培养和提高。教师绝不可以把学生掌握英语语言知识等同于学生能得体地运用英语进行交际,不可以漠视语言和文化之间的关系,因此,教师必须树立正确的文化教学理念。一是认识到文化教学不是语言教学的附属之物,两者同等重要、不可分割。不同民族、不同社会造就了不同的语言和文化,只有基于文化之上的语言学习,才是真正有效、有意义的,才能达到有效培养学生的跨文化交际意识并最终实现学生综合语言运用能力提升的课程总目标。二是树立多元文化平等的理念。不同的历史背景、地理环境、生活方式等孕育了不同的文化,任何一种文化都是特定历史背景下的产物,其产生和发展都是符合当时那个时代的要求的,不可替代。在高校英语教学实践中,教师作为西方文化的介绍者和中华优秀传统文化的继承发扬者,更应该树立文化平等、文化无优劣的观念,只有这样,才有可能通过英语这门学科来引导学生理解和包容世界上的多元文化。教师看待多元文化的态度会影响学生的态度,因此,教师必须形成正确的文化教学理念,保持开放的心态对待中西文化差异,这是学生跨文化交际意识培养的有力保障。

3. 丰富和完善文化知识结构

教师在具备正确的英语学科认知和文化教学理念的基础上,同时也需要不断丰富和完善自身的文化知识结构。对中外文化差异和涉及的文化背景不清楚将会导致教师无法进一步地延伸和拓展相关文化知识,学生跨文化交际意识的培养也就得不到保障了。教师作为学生文化学习的引导者,其自身文化知识的储备决定着学生文化知识的掌握程度和理解深度，教师如果没有较为丰富和完善的文化知识结构，那么学生能学到的也只能是一些零散的内容。教师不够完善的文化知识结构投射到课堂教学实践中就是文化知识错位，会导致教师讲解不透彻、学生理解不到位的现象产生。因此，丰富和完善文化知识结构迫在眉睫，这也是英语文化教学向教师提出的新挑战。

（二）引导学生理解英汉语言的文化差异是核心

有些教师偶尔会提及文化知识，但教学深度不足，难以达到培养学生跨文化交际意识的目标，更有甚者直接忽略学生跨文化交际意识的培养，认为这是可有可无的教学内容。我们必须明确学习外语就是为了培养学生的跨文化交际能力，意识作为能力形成的基础，必须贯穿于高校公共英语教学的全过程。

1. 挖掘教材中的文化内涵

在教学中，教师要结合所教的内容加强学生对外语学习与运用中的各种文化要素的了解，从而逐步加深对中西方文化的认识，为进行跨文化交际打下坚实的基础。教材是文化内容的载体，是实现教育目标的重要保障。教师要想做好教材中文化内容的传递者，首先必须做好教材中文化内容的研究者。只有在教师深入理解了教科书中的文化元素之后，才能使其更好地体现在教学目的的设置上，同时，教师也必须在教学过程中注意到这一点，这样才能真正地提高学生的跨文化交际意识。

2. 营造良好的文化学习氛围

（1）丰富学生的座位安排形式

不同的座位安排形式会对教学产生不同的影响，实际上，这种影响在英语课堂教学中尤为突出。以学生的参与程度为例，不同的座位安排形式下学生的参与程度是明显不同的。教师应根据自己的教学设计有目的、有意识地丰富学生的座位安排形式，最大限度地发挥座位安排形式的隐性教育作用。教师可采用的座位安排形式有单列、席地环绕、自由组合等。这些座位安排形式并无绝对的好坏之分，关键在于采取哪种座位安排形式能够激发学生文化学习的兴趣，主动参与到讨论、角色扮演等主题活动中来，促进学生跨文化交际意识的培养。

（2）创设跨文化交际的课堂情境

语言的学习是为了交际，因此，培养学生的跨文化交际意识便需要创设适应教学内容或与教学内容完全契合的课堂教学情境。这样的情境能够营造学习氛围、调动学习积极性、加深学生的情感体验，从而有利于学生感知和体验语言的文化内涵，更有效地培养学生的跨文化交际意识。

3. 培养学生的跨文化交际意识

（1）拓展文化背景知识，强化学生的文化认知

英语也好，汉语也罢，世界上任何一门语言都在时代的发展和人类不断使用的过程中积淀了带有鲜明民族特色的内涵和外延，这也就使得在真实交际情境中，人们会不自觉地站在母语文化的立场理解来自另一语境下的人。如果学习者缺乏对文化背景知识的了解，就无法正确认知他国文化，在交际中很有可能出现"文化错误"，更严重的还可能造成文化误解和冲突。可见，教师应在充分挖掘教材文化内涵的基础上，因势利导，给学生拓展所涉及的必要的文化背景知识，强化学生的文化认知。

（2）增强中西文化对比，深化学生的文化理解

不同国家、民族、地区之间由于地域、历史、思想、价值观念等因素影响存在很大差异，这是客观事实。在教学中采用对比这一方法，能够使学生直观地认识中外不同文化的差异，深化对不同文化的理解，显然这十分有利于学生跨文化交际意识的培养。中外两种文化的差异渗透在英语教学的方方面面，如词汇的文化含义、句式结构的文化差别等，教师在英语教学中能够利用的资源非常多。因此，教师在教学中应合理利用与文本内容相关的文化知识，将二者融会贯通，并积极进行文化对比，讲清文化的异同，深化学生对不同文化的理解，从而培养学生的跨文化交际意识。

（3）丰富文化教学活动，鼓励学生进行文化交流

部分教师由于并没有认识到学生跨文化交际意识形成的重要性，在教学中只注重对语言知识的讲解和操练，忽略了语言所承载的丰富文化内涵；还有部分教师虽然知道其重要性，但出于职业倦怠等，懒于安排多样化的教学活动进行文化知识的传授，在教学中呈现出要么"教师一直讲，学生只用听"，要么"教师提问，学生回答"的状态。不可否认，部分学生在这个过程中确实掌握了文化知识，但掌握到的却是"哑巴英语"，无法应用到实际的交流当中，忽略了语言教学的实质，这样的学习在当今注重跨文化交际能力的时代注定是无效的。事实上，大部分学生在有关文化内容的学习过程中是热情高涨的，他们十分愿意参与到有趣的教学活动中来，去探索、展示和交流。因此，教师应丰富课堂中的文化教学活动，引导学生在一系列的文化体验活动中表达自己，勇敢地用英语进行交流。

（4）搭建文化分享平台，引导学生进行文化传播

毋庸置疑，教学不仅有教，还有学。然而，传统的教学观念却认为英语课程

资源的开发和利用就是专家和教师的职责，完全没有考虑到学生在课程资源开发和利用上所蕴含的巨大潜力，学生被排斥在外，这样的想法实属不当。在当今这个大数据时代，学生是能够做好自己学习的主人的。教师需要充分信任学生，为学生搭建分享平台，鼓励他们积极参与到课程资源的开发和利用中，以培养学生跨文化交际意识为目标的文化教学亦不例外。教师要放手让学生自己去经历、探索和发现，学生可以通过电视、报纸、杂志以及使用最广泛的网络等渠道寻找丰富的资源完成自己的PPT制作与呈现，他们的参与将会给教学增添不一样的色彩。学生在这个过程中不仅拓宽了文化视野，获得了独特的文化体验，同时也向其他同学介绍了自身搜寻到的文化元素，进行了别样的文化传播。

4. 创设课外文化学习环境

由于课堂教学时间有限，教师需要开辟"第二课堂"，积极创设英语课外文化学习环境，在学生的课余时间渗透文化，这也在一定程度上解决了英语教师"课时少、任务重"的难题，在潜移默化中提高学生自觉培养跨文化交际意识的主动性。

（1）充分利用学生的日常交往活动

跨文化交际意识的培养渗透在学生的日常交往活动中。因此，教师可以充分利用日常交往中的各种活动让学生主动关注文化差异，培养学生对文化差异的敏感性和鉴别力，提高他们培养跨文化交际意识的积极性和主动性。

（2）积极开展与其他学科教师的合作

实际上，对于学生跨文化交际意识的培养应该是全学科共同推进的，绝不单单是英语教师的职责。广大教育工作者应该将培养具有全球竞争力的人才摆在重要位置，着力培养德智体美劳全面发展且具有国际视野的新时代青少年。因此，培养学生的跨文化交际意识是所有教育工作者的重要职责。

第四节 混合教学模式

一、混合教学模式的内涵与特征

（一）混合教学模式的内涵

混合教学模式主要是将目前的网络教学和传统教学模式结合起来的一种新形式，旨在吸取传统教学模式和线上网络教学之精华，并有效导入网络教学模式，重点突出了学生的主体地位和教师的主导作用，调动了学生的学习热情，提高了学生自主学习的能力。与此同时，混合教学在地点、速度、时间、路径等学习过程的各个方面都增加了学习的灵活性。地点、速度、时间、路径等因素随着学习内容的变化而不同。此外，混合教学模式在课堂教学活动组织方面具有较强的优势，侧重于学习内容的构建、师生线上和线下各自任务的开展、课堂实践教学的具体实施等。

北京师范大学的何克抗教授第一次将混合教学的概念推出是在2003年，这一重大举措打破了教育领域的寂静，并由此引发了对混合教学的研究，随后就出现了混合学习这一概念，自此混合教学模式逐渐步入正轨，开启了漫漫征程，一场教育行业的改革浪潮也涌现了出来。

对于混合教学模式的定义，国内外学者都对其进行了相关界定，其中李克东教授认为混合教学模式的主要内容就是在面对面学习的基础上加入网络在线学习，面对面学习与网络在线学习相互弥补，为学习者服务，提高教学效果。

黎加厚教授也认为混合教学模式即对教学各要素进行选择、优化及组合，以达到相应的教学目标，教学方法、教学手段、教学对象都属于该内容的范畴。

有国外学者认为，混合教学模式是面对面学习与利用计算机网络平台在线学习的结合。也有人认为混合教学是学校教育的一部分，是在不同地点、不同时空的灵活在线学习。这两种观点有相似之处，皆认为混合教学是两种学习方式的组合。

还有一些国外学者认为，混合教学模式是不同的教授方式、教学模式以及学习方式的有效结合，是在一个有意义的互动环境中开始的。混合教学模式将在线学习和课堂学习两者结合起来，并以最合理的途径利用网络资源，以改善学生的学习效果。

国内外研究学者认为，混合教学模式是在教学中利用一切能借助的网络资源，在此基础上和传统教学相融合，取长补短，对传统教学模式进行优化并改进，多方面的混合是教学合理化、效果最优化的"双主型"教学模式，呈现出不同的教学资源、教学环境和学习方式。

混合教学模式绝不是传统教学和网络教学的简单叠加，它不仅是多种教学理论的融合，还是多种教学策略（如主动参与型、合作学习型、联系生活型等）的融合，更是各种教学方式（如讨论式、翻转课堂、在线学习等）的深层次交互融合。在教学中，应根据各科课程特点及相应的教学目标，利用现代教育技术，合理构建混合教学模式，有效地提高学生的学习效率并丰富学习体验。

混合教学把传统教学方式的优势和在线教学的优势结合起来，既发挥教师引导、启发、监控教学过程的主导作用，又充分体现学生作为认知主体的主动性、积极性与创造性。因此，混合教学并不排斥传统教学，而是主张把传统教学和在线教学进行互补并科学整合，以优化教学效果。混合教学的重点是面对面学习和在线学习的混合，即把传统学习和在线学习两者的优势结合起来。在移动互联网时代，混合教学除了包含面对面讲授和线上学习外，也涵盖了其他能促进学生学习的技术手段，如移动智能学习平台、学习APP等技术资源的加入。

（二）混合教学模式的特征

混合教学模式区别于传统教学模式，其对比见表2-1。在教学组织形式上，混合教学模式可以打破传统教学的时空限制，将开放教学、分组教学和个别教学有机地融合起来；在教学方法上，将讲授法、讨论法和任务驱动法等多种教学方法有效结合起来；在教学手段上，将传统手段与信息技术相融合，结合文字、图片和视频形成多模态教学；在教学评价上，不仅仅注重总结性评价，还注重对学生的过程性评价。

表2-1 传统教学模式与混合教学模式对比

对比项目	传统教学模式	混合教学模式
教学形式	注重教师传授知识，以面授形式为主	将面授和在线教学融合，全方位培养受教育者的能力
教学环境	面授教学环境	面授+在线教学环境
教学媒体	以实物为主	类型丰富，根据需要选择
师生角色	教师主体，学生被动接受	学生主体，教师主导
学习方式	学习方式单一	多模态方式学习
教学内容	以教材、教案为主	丰富的在线教学资源作为补充
教学过程	以传递—接受方式为主	教学过程和模式多样化
教学评价	以总结性评价为主	线上线下相融合，加强过程性评价

混合教学模式一定会对传统课堂进行重新建构，因为这种模式拓展了传统教学模式的时间和空间，使"教"与"学"不一定要在同一时间、同一地点发生，

为学生创造了更多的学习机会。除此之外，混合教学支持课程管理活动（如评估和反馈），可以促进师生、生生间的交互与合作，提高学生参与活动的积极性。学生可以根据自身学习的情况及需要、课程学习目标及要求制订自己的学习计划，自主获取合适的学习资源进行课前预习。

二、高校公共英语混合教学模式的理论基础

（一）网络环境下的群体学习理论

群体学习理论主要是将学生分成小组并结合网络信息技术所营造的一种团队交流合作、资源共享、平等互利、相对开放的新型学习模式。美国心理学家罗杰斯这样认为，群体学习理论没有固定不变的教学模式，学习者在相对自由的环境中讨论、学习，他们的思想源于自己的感觉与情感。在不同时空、不同环境下进行课程教学，将课堂教学与网络信息技术联系起来的形式被称为特殊条件下的群体学习。

（二）有效教学理论

有效教学理论起源于20世纪，它是在西方教学的科学化运动中逐渐形成的一种典型的教学理论，它重视学生学与教师教的并驾齐驱，在调动学生学习的自主性和激发其求知欲的同时，还注重发挥教师在教学过程中的监控和调节作用。有效教学理论坚持学生的主体地位，结合学生的个性化发展开展一种新型的创新教学模式，从而达到一种高效率、有效益、有效果的课堂教学状态。

按照有效教学理论，对多媒体的有效利用是提升课堂效率的重要方式，通过实现媒体资源的优化配置，从而针对不同的学习场景和认知要求开展相应的混合教学。在混合教学过程中，教师应该对学习者的整体情况有一个详细的了解，了解他们所生活的环境以及他们周围的社会因素，并对这些因素有一个正确的认识，它们不是与学习者无关的外在影响，而是与学习者的学习和生活密切相关的一种结合体。

（三）合作学习理论

合作性学习过程是指两个或两个以上学生相互作用的过程，其中他们有共同的学习目标，并且为了实现共同的目标而奋发向上。在教学中，小组合作是一种共赢的学习形式，在这个过程中，学生之间可以共同讨论和探索，从而提升学习效率。合作学习的基本构成包括以下五个要素。

第一，相互依赖。小组成员间产生的团结协作、互帮互助的关系是合作学习的核心。

第二，个人和小组问责制。在合作学习的过程中，需要对小组内每个学生的能力进行评估并将结果返回给小组和个人，这也就产生了个人和小组问责制。

第三，促进面对面互动。在合作探究的过程中，当学生在分享资源、互相帮助和支持并赞扬彼此的学习成果时，促进性互动就发生了。

第四，教授学生必要的人际关系和合作技能。在合作学习小组中，学生需要学习学术性知识，也需要学习团队合作所需的人际关系和合作技能，这就需要教师必须有目的地教授团队合作技能。

第五，小组谈论反思。小组成员共同讨论更好地实现学习目标的方法。

混合教学模式注重学生之间的协作沟通和对问题的钻研。在教学中，教师鼓励学生积极思考、主动突破学习中的疑难问题，之后，在小组内对探究过程进行详细指导，以期为学生提供帮助、增强学生的交际能力和团队合作能力。

（四）情境学习理论

早在20世纪初期，当时还没有正式提出情境学习理论，杜威便提出了"从做中学""学校即社会"的教育思想，这就是一种对基于真实情境的学习理念的强调。到了20世纪八九十年代，随着社会的发展，美国认知心理学家西蒙着力于研究在自然情境下的认知，随后，情境学习理论也引起众多学者的关注。

情境学习理论认为，学习的本质是个体在有意义的情境中进行实践，在实践的过程中不断地与他人和环境相互影响。这是一个不同文化相互磨合适应的过程，并能使学习者获得特定实践社区的成员资格。

（五）认知灵活性理论

认知灵活性理论由美国心理学家斯皮罗等人提出，该理论指出，学习者对知识进行建构是一个双向的过程，学习者应在原有水平的基础上形成对知识的理解，并对原有知识进行重新建构，从而形成新的知识体系。因此，教师在教学中需要根据实际情况设计各种教学策略，让学习者进行有意义的建构。要进行教学策略设计，首先要了解认知的灵活性。认知灵活性理论与传统的机械教学背道而驰，其主张在进行教学时，一方面要为受教育者提供理解基础，另一方面为受教育者提供建构空间，让他们针对特定情况采取适当的策略。该理论将学习分为初级学习和高级学习两个阶段，要达到高级学习的目标，就要做到每次对同一内容进行重建时，都应有不同的目标、不同的侧重点，在不同的时间进行研究。通过这种学习行为，受教育者可以对概念形成多角度理解，联系到具体情境，形成背景性经验。

依据认知灵活性理论，在实际的教学过程中，如果需要学生达到高级学习的目标，就应尽可能多地为学生提供知识重构空间。在混合教学模式中，线上教学环境可以扩充学生的学习空间，移动终端可以为学生进行非正式学习提供多种途径，方便学生学习。

（六）信息技术与学科课程整合

信息技术与学科课程整合是我国 21 世纪教育改革的新途径，也是一种新型的教育结构，与学科教育紧密相关。所谓整合不仅仅是把信息技术当作一种工具，更是要促进受教育者利用信息技术通过自主筛选获得更多优质的学习资源，改善受教育者的学习条件和学习环境，充分调动受教育者的主动性和积极性，进一步培养受教育者的实践能力。

此外，何克抗教授也指出，信息技术与学科课程整合通过有效地将信息技术整合到各个领域的教育过程中，创设一个以"自主、探索、合作"为特征的教学环境，以激发学生的主动性和创造力，使传统课程结构发生根本变化，将学生的创造精神和实践能力的培养落到实处。

三、高校公共英语混合教学模式的原则

（一）启发性原则

混合教学模式与传统教学之间的区别在于，混合教学模式存在科学论证，论证活动强调了学生在教学过程中充分发挥主观能动性。因此，教师需要向学生提供启发性的示范主题。启发性原则的核心是教师在教学活动中使用不同的教学方法，学生积极探索，独立思考，并在课堂演示中表现出主观能动性。同时，教师和学生可以共同创造一个有助于开展论证的教育环境，从而有效地进行激励教育。

（二）量力性原则

混合教学模式下的教育活动必须遵循量力性原则。具体表现为，论证活动的内容选择和讨论方法需要与学生当前的发展水平相适应。学生进入大学，从高中生变成大学生，逐渐改变了思维和学习方式。在这个时候，教学内容应适度并遵循量力性原则。讨论的内容不能太简单，浅显的问题也不能激发学生的讨

论欲望。讨论的主题不应太深奥，超出学生认知水平的问题和内容更可能对学生产生不良影响，影响学生对讨论的信心，影响学生的学习兴趣和表达意见的意愿。

（三）因材施教原则

个体存在差异，这也意味着不同年龄的人的智力发育水平不同，并且同一年龄的人由于环境、遗传和其他因素而表现出不同的发育水平。教师在示范的基础上进行实际培训，并指导学生进行学习。因此，教师需要在课前了解学情。根据不同学生的基础，选择多种教学方法和策略，引导学生进行科学论证。

（四）科学性原则

对于科学论证来说，材料的准确性和论据的逻辑性尤为重要。首先，科学性原则体现为教师向学习者提供的信息必须真实、科学。其次，在教学活动中，师生使用的语言必须正确，并且不得对知识点有误解，保持论证教育的科学性质有助于学生正确理解和表达科学知识。

四、高校公共英语混合教学模式的优化建议

（一）组织翻转课堂教学工作

翻转课堂教学模式就是一种线上与线下教育相结合的方式，且需要在互联网的帮助下才能顺利推进，因此高校公共英语教师可以充分发挥这种教学模式的优势，推动混合教学工作的落实，以便进一步提升学生的自主学习能力、思维能力和探究能力，推动其全面发展。例如，教师首先可以根据教材中的章节内容设计导学任务，并将其转化为电子文档、微视频，然后分享到互联网平台上，便于学生在课下依据这些材料进行自主学习，在此期间，学生可以将自己的学习成果、疑难问题等实时分享到班级群中，便于其他同学借鉴和思考，也便于教师据此把握学生的自学情况，经过统计之后了解其共性问题，同时确定重点和难点。接着设计一些检测题，以便在正式上课时更为精准和直观地了解学生的知识掌握和运用情况。而到了线下教学环节，教师还需安排学生分享各自的学习成果，同时以小组为单位探究教师设计的检测题，通过讨论和分析得出正确的结论，以便再次完善学生的学习成果，提升其学习成效。最后，教师需要综合分析学生的线上与线下学习情况，及时进行补充教学，帮助他们查漏补缺，同时深入分析各种疑难知识，从而让学生对所学内容产生深刻的印象，构建更为完整的知识体系，辅助提升混合教学工作的质量。

（二）利用微课落实分层教学目标

在互联网技术的辅助下，高校公共英语教师可以更为精准地分析学生的学习情况，了解其在词汇、句型、语法、阅读、写作方面的问题，然后据此设计有针对性的教学方案，并使用线上＋线下混合教学模式进行分层指导，提升整体的教学效果。例如，教师可以搜集学生的课上学习数据，并将其输入对应平台中，也可以要求学生在课余时间利用不同的网络平台开展线上学习活动，实时搜集其学习、练习的数据，然后进行详细分析，确定他们的优势和缺陷，同时为他们划分层次，之后根据教学内容设计微课教学或练习课件，力求做到"一生一方"，以此引导他们在线上和线下开展分层学习活动。运用此种方法，能够使得教学活动真正面向全体学生，为他们提供更具特色的学习内容，且可以满足不同学生的个性化需求，使之在分层探究中提升自身的英语素养，并体验到成就感、树立学习自信，以更为积极的心态参与到后续学习活动中，由此可不断强化英语教学效果，同时发挥出混合教学模式的优势。

（三）线上与线下教学的有效衔接

如何实现线上与线下教学的有效衔接，是高校英语实行混合教学时必须解决的问题。建议英语教学应做好以下几项工作：其一，重视课前备课工作。在备课时，尝试利用线上教学平台或相关教学网站。基于互联网资源共享的优势，这些平台、网站、论坛上有海量的优质教学资源，可以在英语备课时使用。另外，相比于传统课件，基于线上教学平台的电子课件以图片、视频等形式为主，不仅包含的知识点更多，而且形式上更加灵活，更容易被大学生接受。有了高质量的课件，在线下教学时根据教学需求和学生表现，适时运用课件，能够在营造课堂氛围、增进师生互动、提升教学质量等方面发挥独特作用，在这一过程中也实现了线上与线下的融合。其二，依托线上教学平台提供的大数据分析功能，教师可以全面掌握学生动态，为线下教学提供指导，实现线上线下教学的有效衔接。

（四）教学观念与教学方法的创新

现阶段，高校在职英语教师队伍中有不少教学资历深厚、教学经验丰富的优秀教师。但是部分教师习惯了传统的教学方法，形成了定式思维，不愿意主动尝试这种线上线下混合的教学模式。当然，除了教师自身的原因外，学校方面提供的培训机会匮乏导致英语教师对线上教学技巧的掌握不熟练也是主要原因。鉴于此，高校应顺应后疫情时代线上教学的推广趋势，面向在职英语教师特别是一些教龄较长的老教师，提供关于线上教学的专项培训。选择一些具有代表性的线上教学平台，例如"学堂在线""中国高校外语慕课平台"等，采用示范教学的方式，帮助英语教师熟悉线上教学的操作技巧，熟练运用其功能。在这一基础上，充分挖掘线上教学优势，并将其运用到线下的英语课堂中，在实现教学模式创新的基础上，切实提升高校公共英语课堂教学的水平。

（五）强化线上教学的监管力度

在线下课堂中，教师面对面地传授知识，并且发挥了维持课堂秩序的作用。在教师的监督和约束下，学生能够认真听讲。即便偶尔有走神的情况，或者做其他与课堂学习无关的小动作，都能够被教师观察到，进而通过点名提醒，让学生集中注意力。而线上教学模式的监管效力将会大打折扣，对于那些自制力不强的学生来说，难以长时间保持注意力，英语成绩也难以得到提升。为此，在推行线上线下混合教学时，应进一步强化线上教学的监管力度。一种措施是利用学生端设备的摄像头，监控学生是否认真听课；还有一种措施则是统计学生的课上互动频率，如发送弹幕或留言的频率、数量。除此之外，英语教师也要转变教学思路，如增加互动频率和提问次数，或者采用线上小组合作学习的模式，由教师监督学生向学生相互监督转变，营造良好的线上教学环境。

第三章　高校公共英语课堂学习方式的改革

本章分为自主学习、合作学习、探究式学习、反思式学习、项目式学习五部分。主要包括自主学习概述、国内外关于自主学习的研究、高校公共英语自主学习策略、合作学习概述、合作学习的理论基础、高校公共英语合作学习策略、探究式学习概述、探究式学习的理论基础等内容。

第一节　自主学习

一、自主学习概述

（一）自主学习的兴起

近年来，自主学习的研究和实践一直是理论界的一个热点。在实践中，自主学习首先在外语教学中获得了普遍性应用，并且呈现出向其他课程扩张应用的趋势。

自主学习的尝试源于对国外有效教学方式的学习和借鉴，在外语教学中进行了理论上的论证、探讨以及实践中的应用。建构主义理论、人本主义理论成为"以学生为中心"的自主学习应用所具有的正当性的理论基础。在自主学习理论的形成过程中，美国学者霍莱茨做出了突出的贡献，他最早提出了自主学习的范畴。1981年，霍莱茨在《自主性与外语学习》中首次正式提出"自主学习"的概念。随后霍莱茨对自主学习进行了较为权威的界定，即"自我负责学习的能力"。霍莱茨对自主学习的研究和实践对我国自主学习的研究和应用产生了直接的影响，然而其并非完全正确的观点，也成了人们后来在认识上产生分歧的缘由。如从外语学习中总结出来的自主学习方式是否应主要应用于外语教学更为妥帖？自主学习是否以培养学习者自主学习能力为唯一目标或主要目标？

自主学习最初在我国英语教学中获得应用，后纷纷被其他课程教学所复制和借鉴。20世纪90年代以来，作为舶来品的自主学习理念被首先应用到我国英语课程的教学中，被认为是英语教学改革的一个重要方向。一是从研究成果方面来分析。通过对知网有关自主学习研究的成果进行梳理，发现绝大部分关于自主学习的论文都是关于自主学习在英语课程教学中的应用，较为集中刊发在《中国外语》《外语界》《外语教学理论与实践》等期刊，且最早对自主学习进行理论探讨的时间集中于2006年和2007年这两年，相关研究学者主要对英语教学活动中的自主学习的经验进行总结。二是从实践要求来看。早在2007年，《大学英语课程教学要求》在课程教学目标中指出："大学英语的教学目标是培养学生的英语综合应用能力——增强其自主学习能力，提高综合文化素养，以适应我国社会发展和国际交流的需要。"此时，自主学习不仅是理论探讨的热点，而且也成为英语课程教学的一项基本要求。

自主学习在英语教学中获得了较好的应用，既为教师教学减轻了负担，也充分调动了学生学习英语的积极性和主动性，更重要的是通过自主学习训练提高了学生的自主学习能力，从而为学生的终身学习奠定了能力和方法论的基础。

（二）自主学习的含义

自主学习是与他主学习相对立的一种学习方式，主要是指学生主导自己的学习，将被动学习变为主动学习。学生在自主学习的过程中具有自主学习的意识，能激发学习的热情和积极性，发挥主观能动性和创造性。有些观点认为在自主学习过程中，学习目标的确立、学习计划的制订、学习方法的选择、学习过程的监控，都能由学生自主完成，并且学生能对自身的学习状况进行正确评估，适时进行自我调节，同时对欠缺的内容进行补充。

传统的课堂教学方式在现代教育理念深入发展的当下逐渐不能适应学生成长成才的需求。自主学习在现代教学模式中发挥着越来越重要的作用。随着课程理念的不断发展，教师在教学过程中应转变教学方式和教学思路，建立自主学习课堂，让学生根据自己的实际情况制订计划，明确目标，实现自我管理，规划学习进度。从宏观的教育角度来说，自主学习是在教师指导下，学生自己主宰学习活动，并且充分发挥能动性，进行创造性的学习实践活动，从而使自己的知识体系得以构建的过程。在这种学习形式下，学生死记硬背、机械学习等被动的学习状态被彻底改变，学生能真正体会到主动参与学习、乐于探究学习的乐趣，进而使学生的自主创新能力、交流合作能力和分析解决问题的能力得到发展。庞国维教授将"自主学习"概括为"想学""会学"和"坚持学"。"想学"的基础是学生具有内在学习动机,"会学"的基础是学生掌握了一定的学习策略,而"坚持学"是建立在意志努力的基础之上的。培养学生自主学习的能力,就是教师在教学过程中实现学生的"想学""会学",并"坚持学"。由此可以看出,自主学习是学生在具有强烈的自制能力和责任感的前提下,能主动掌控自我学习过程的一种学习方式。

(三)自主学习的性质

自主学习的价值已形成共识,这种价值不仅源于对于当下学习内容的需要。知识爆炸时代的教师不可能对所有知识的全部内容做出回应,通过自主学习补充教师知识内容的不足无疑是一条有效率的捷径。自主学习的价值还在于对学生的自主学习能力进行有效的训练,从而为学生适应终身学习型社会进行基本能力与素养的积累。对自主学习的认识与应用建立在一个基本前提之上,那个我们认为已完全搞清楚实则是一知半解的前提就是什么是自主学习。如若我们对自主学习内涵的认识尚处于一知半解就匆匆应用,那么出现问题就在所难免。

自主学习并不仅仅是培养学生的自主学习能力,而是一种促进学生全面发展的教学模式。目前,对自主学习的认识主要有两个论断:一是开展好课程自主学习活动要以学生具有一定的自主学习能力为前提。如果学生不具有自主学习能力,自主学习就难以取得实效,从而失去其应有的价值。二是自主学习的目标是培养学生的自主学习能力。学生的自主学习能力提高了,从而就会为学生适应终身学习型社会奠定基础。有学者认为,自主学习能力是一种元能力,通过课程自主学习来培养和训练学生自我确定学习目标、自主选择学习内容、自我激励和自我实施学习效果考核的能力是实施自主学习活动的目的。

自主学习能力是自主学习的核心,对自主学习的认识应当体现两种观念。一方面,作为课程教学方式的自主学习并非指自主学习能力,而是指自主学习的教学模式,是指应用于课程教学中并能提高课程教学效果的教学模式。另一方面,自主学习模式包含了对学生进行自主学习能力训练的教学目标,但是自主学习模式并非以训练学生自主学习能力为唯一目标,甚至自主学习不能以训练学生的自主学习能力为主要目标。高等教育的根本任务是立德树人,尤其体现在思想政治理论课上,价值观的教育、知识的传授和能力的训练都是思想政治理论课应用自主学习模式的目标和任务,而对大学生进行思想政治教育,帮助大学生树立科学的世界观、人生观、价值观是思政课实施自主学习策略最根本的要求,而不是主要训练学生自主学习的能力。

（四）自主学习的特点

自主学习是学生通过独立探索、实践、创造等方法实现教学目标的一种学习方法。与传统的学习方法相比较，自主学习注重学习动机和学习兴趣的培养，从而使学生在课堂上能够主动自觉地进行学习，充分发挥学生的主体作用，进而促进课堂教学质量的提高。总之，自主学习就是在内心的驱动下，学生自身产生了强烈的学习动机和愿望，而不是在教师的督促下学习，学习过程中体现了鲜明的自主、自立、自律的特点。自主学习具有的特点，可概括为以下四个方面。

1. 自主学习的自主性

学生处于教学的主体地位，教师只是引导者、促进者，自主性是自主学习基本的特征。自主学习是学生能积极、主动、独立地规划和开展学习活动的学习方式，不需要教师的要求和监督，也不需要借助外界因素来进行管理。在学习过程中，自主性体现在学习前根据内容自主选择学习方法，甚至自己制定学习目标；在学习中进行自我监控和自我调节，学生能够监控自己的学习或策略的效果，并根据这些反馈自主调整自己的学习活动；任务完成后能进行自我评价和自我总结。总之，在自主学习方式下，学生是自觉地而不是被迫地，是主动地而不是被动地参与学习活动。

2. 自主学习的独立性

自主学习的核心品质就是独立学习，在自主学习模式下，学生要做到不依赖教师和同学，能够自主独立地开展学习活动。自主学习的独立性体现在"我能学"，而不仅仅是"我要学"。叶圣陶先生说"教是为了不教"，自主学习一个最重要的任务就是培养学生独立学习、终身学习的能力，整个过程就是"从教到学"的转化过程，也是学生从依赖到独立的过程。学生在学习过程中有独立学习的要求，也有独立学习的欲望。教师要给学生创造必要的独立空间，为学生创造、发现、表现提供更多的机会，特别是为具有不同独立学习能力的学生提供必要的发展空间。随着学生独立学习能力的增强，学生的学习过程日益独立，最后发展到学生基本甚至完全独立地完成学习任务。

3. 自主学习的相对性

与传统的被动学习方式相比，自主学习是一种高品质的学习。自主学习使学生能够不唯教师、不唯书，能够用自己的头脑去判断，用自己的语言去表达。应该指出，自主学习并不完全是绝对的，学生的学习多数介于绝对自主学习或绝对不自主学习的两极之间。如果缺乏教师必要的指导，会导致学生学习没有方向，学习效果不理想。所以，学生的学习不能简单机械地划分为两个极端，即自主的和不自主的，而应该根据实际情况，在具体的学习活动中分清自主的方面和不自主的方面。美国纽约城市大学的教育心理学教授齐莫曼指出，学生如果能对为什么学、如何学、何时学、学什么、在哪里学、与谁一起学等六个问题均能独立做出选择和控制，就是充分的自主学习，反之，就不存在所谓自主学习。此说法有些绝对。就大学生而言，他们是不可能完全由自己来决定学习时间、学习内容等方面的，同样也不可能完全脱离教师对学习的指导。

4. 自主学习的有效性

有效的自主学习就是在教师的指导下，学生通过"自主"学习过程得到进步、提高和发展。有效的自主学习主要关注学生有没有学会，学得好不好，而不是看教师有没有教完或者教得是否认真。自主学习的目标是使影响自主学习的各种因素尽量协调好，发挥自主学习的最佳效果，达到学习效果的最优化。学生学习的自主水平越高，学习的过程也就越优化，学习效果也就越好。因此，提高自主学习的有效性，不仅关系到课堂教学的成效，同样会影响学生的终身发展。教师在教学中应真正发挥自主学习的价值，不断提高学生自主学习的有效性。

二、国内外关于自主学习的研究

自主学习是贯穿人一生的重要学习形式，具有促进人的成长和发展的价值。国内外对自主学习的研究一直处于活跃的局面，尤其自近代系统的自主学习理论形成后，关于自主学习的研究迅速拓展开来，涌现了理论与实践方面的多重成果。

（一）关于自主学习理论的研究

当前国外的研究普遍认可自主学习这一思想发端于古希腊时期，苏格拉底的"苏格拉底法"（也叫"产婆术"）就是这一思想的体现，而后卢梭、夸美纽斯等人也对自主学习进行了探讨，不过直到近代较为系统的自主学习理论才形成。以斯金纳为代表的操作主义学派、以班杜拉为代表的行为主义学派、以马斯洛和罗杰斯为代表的人本主义学派、以齐莫曼为代表的社会认知学派都对自主学习进行了理论探讨。

以斯金纳为代表的操作主义学派认为，自主学习的本质在于行为的操作性，它借助外部强化与自我强化两种形式进行强化，强化过后产生一种应答性反应，主要包含自我监控、自我指导以及自我强化三个子过程。以班杜拉为代表的行为主义学派则从行为、环境、个体三个因素之间产生的交互作用来解释自主学习，这一学派解释的自主学习包括自我观察、判断、反应三个具体的过程。

人本主义学派中罗杰斯提出了学生中心的学习思想，这一思想为自主学习奠定了理论基础。而西方现象学派代表人物麦克库姆斯认为个体在自我发展系统中最终会导向自主学习。自我系统由自我概念、自我价值、自我意象等组成，自我概念是影响自主学习最为重要的因素。

进入20世纪末，最具代表性的是以齐莫曼为代表的社会认知学派对自主学习进行的理论探讨，他认为自主学习的方法具备计划性，学习的结果能够提前预判，学习过程需要良好的应变力，学习行为能由内部动机激发。他的自主学习理论利用不同维度诠释自主学习状态，主要包括学习动机、态度、方法、计划、调控、对周边环境的利用等维度。

国内关于自主学习理论的研究，前期主要是对国外自主学习理论的引进，此领域中庞维国博士是最为典型的代表。后来国内探讨自主学习相关理论的研究大多基于庞维国的研究之上，主要从自主学习理论内涵、自主学习能力、自主学习模式等维度出发。吴健强（2004）提出自主学习是一种教育性策略，需要建立在教育的终身化、民主化以及个性化等教育观上，自主性是自主学习最根本的属性。

李鹏程（2000）对自主学习的含义进行了解释，他认为自主学习的基础在于自我识别，核心在于自我选择，关键在于进行自我控制，而实现的途径则要依靠自我培养。

何基生（2009）提出顺利完成自主学习任务需要多种品质，不仅包括心理能力、社会能力，而且还包括持续生存和发展的综合能力，这些品质汇集所形成的就是自主学习能力，具体而言，它包括能够自我设定方向的能力、能够使用学习策略的能力、能够开展自我监控和进行自主评价的能力。

（二）关于自主学习特征的研究

不同学者基于不同视角与不同定义，对自主学习的特征也有不同描述，但大致都会从个体能动性角度和为达成预期结果形成的策略角度出发。国外较为典型的关于自主学习的特征的研究中，美国学者奥尔德曼认为，自主学习者具备如下主要特征：自行负责自己的学习，正确归因学业成败的结果；具有强烈的自我效能感；会设置合理有效的学习目标；能对未来展开规划；会综合运用学习策略；能监控学习过程；能统筹学习时间与学习资源。美国密西根大学的宾特里奇教授归纳的自主学习者的特征主要有：对外部传输的信息具有正向反应，主动为学习设定目标、运用策略；能正视个体差异和不足并综合自身进行目标和过程的调整；能评估学习是否有效果；能对外部情境和个体特征交互产生的影响进行调节，从而改善学习表现。在国内，学者董京峰（2004）提出自主学习的特征主要有：学习者的学习过程需要教师协同指导；学习者个体具有主体能动性；学习者有开放的心态，会合作，懂得创造。学者吴健强（2004）提出自主学习具有自主性、前瞻性、创造性、能动性、独立性等特点，而其最本质的属性则是自主性。

（三）关于自主学习影响因素的研究

当前探讨自主学习影响因素的研究成果较为丰富，研究范围涵盖了从义务教育、高等教育到终身教育的各个阶段，研究大多围绕主客体因素、内外部因素进行综合讨论。在国外的研究中，如齐莫曼提出自主学习受内外部双重因素影响，自我效能感、已掌握的知识、元认知、目标设定和情感等是内部影响因素，他人示范效应、社会提供的援助和创设的物质环境等是外部环境影响因素。国外学者帕帕米特西乌（2019）等人利用数据追踪发现：目标设定和时间管理对自主控制有很强的积极影响，努力调节对学习者的自主性有中等积极的影响，而寻求帮助则有很大的消极影响。国内有关自主学习影响因素的研究也体现了多维性和复杂性，其中性别、认知、归因、外部环境、自我效能感，这几个影响因素是研究者提到数目最多的因素。学者李兴蓉（2009）等人通过研究发现，学习动机、教师因素、网络因素、个人因素会对高校学生利用网络进行自主学习产生影响，其中学习动机的影响最显著。学者李妍（2015）等人提出，影响大学生自主学习的因素可以归纳为内在因素和外部因素，内在因素有理想信念、学习兴趣、学习策略，外部因素有学习氛围、学习资源、教学方式。

（四）关于自主学习模式的研究

国外关于自主学习模式的研究主要有三种：第一种基于互动取向，如交互式学习模式、合作学习模式；第二种基于意义建构取向，如探究学习模式；第三种基于学习主体的自我调节取向，如自我调节策略开发模式、自主学习循环模式等。随着信息技术的发展，当前国外的自主学习主要依附于网络资源展开，随即涌现了Webquest（网络探究）、Miniquest（迷你探究）、Scavenger hunts（寻宝游戏）等自主学习模式。学者赵燕（2020）等人提出了相关联的知识与能力、学习任务、支持计划和特殊实践是教育计划相关的四个要素，并提出了一种针对视觉传达课程的四元素教学设计的自主学习模式。

当前我国关于自主学习模式的研究主要集中于讨论特定外部环境，主要包括基于某种理念、网络环境、大数据背景、远程开放教育背景，探讨的内容主要是国外自主学习模式的合理引进和本土自主学习模式的设计。学者袁杰、闫志明（2018）设计了信息技术环境下的自主学习活动模式，主要有五个环节：设定自主学习的目标、根据目标展开自学活动、进行个人练习与测试、与他人交流研讨、进行个人总结与评价。学者刘枫（2016）针对慕课提出了一种受控自主学习模式，该模式需要自选注册微课程、自控微课程学习、自由在线或线下课堂进行交流研讨、自行进行关卡测试从而得出学习成绩。

（五）关于自主学习策略的研究

当前关于自主学习策略的探讨主要包括自主学习策略的内涵研究、自主学习策略与其他策略的关系研究，以及关于自主学习策略的各类实证研究。

学者庞维国（2003）从认知学习策略、元认知学习策略、学习资源利用策略三个维度出发，提出了在认知学习中陈述性和程序性知识学习所需要的策略、在元认知学习中自我监控与自我指导及自我评价所需要的策略、在学习资源利用中时间管理和努力管理及学业求助的策略。

三、高校公共英语自主学习策略的应用基础

（一）转变教育理念

受传统教育模式的影响，学生在学习过程中过于关心应试技巧，难以准确了解英语的本质，这在一定程度上抑制了学生自主学习能力的发展。所以，为了培养学生的英语自主学习能力，学校和教师必须转变教育理念。

（二）明确分层式教学的理念

大学生的自主学习积极性需要英语教师在课堂中积极调动，但由于现行的大班制教学，英语教师明显无法带动全班学生，此时教师可应用分层教学方法。但具体来讲，分层教学方法的分层模式较为模糊，具体的分层标准不固定，一般可分为学生成绩、平时表现或者习题效果。特别应注意的是，有些时候即使英语教师将全班学生依据某种标准进行了分层，但在实际教学中依旧效果较差，整体控制性欠佳。在实际教学中，英语教师应积极探索分层教学办法，培养学生的自主学习能力，提升班级整体授课质量。具体做法：首先，不考虑学生成绩，依据学生的学习习惯进行分层。有些学生成绩很好，但学习习惯有待改正；有些学生

高校公共英语的课堂教学改革研究

学习成绩差，但学习习惯较好；在分层教学时，可依据学习习惯，将班级分成四组，每组设置小组长（一般来讲，小组长学习习惯较好），小组长的任务为检查组内学生的英语作业完成情况，并及时记录，必要时可对作业情况不好的同学给予指正。

（三）合理设计教学计划

要想激发学生主动学习英语的积极性，教师就要考虑学生的实际学习情况，从学生的角度出发，对教学内容的深度、广度以及难度做出合理的设置，保证学生通过努力就能完成，让学生有学习的动力。

英语是一门涉及词汇、语法、听力、口语表达以及写作等多方面内容的综合性学科，对学生的综合能力要求比较高。教师需要在实施教学时，将英语教学的导入环节、教学环节、练习环节有机地融合起来，形成系统的教学模式，从而确保教师讲得清楚、学生学得明白。学生只有听得懂教师讲了些什么，才能够更加主动地投入后面的学习中，反之就会厌学，影响学生自主学习的积极性，导致课堂教学效率下降。同时，高校公共英语的考核内容也要与学生的学习实情相匹配，要注意重点教学内容的体现，以加深学生对教学内容的理解。

第二节　合作学习

一、合作学习概述

（一）合作学习的概念

各国的学者关于合作学习的具体内涵都有着自己独到的见解和看法。美国教育心理学家斯莱文提出了合作学习是通过组织邀请学生加入小组学习活动的过程中去，并在整个过程结束后成绩有所进步，甚至在合作学习中得到同伴的肯定和认可。而合作学习理论的主要创始人美国学者罗杰·约翰逊和戴维·约翰逊则认为合作是在所有组员都有共同目标的前提下，大家朝着共同的目标前进和奋斗，而且小组成员和整个小组团队都有着一定的进步。1900年，以色列的沙伦博士也提出了自己的看法。他认为合作学习是将个人的学习能力和团体的力量结合起来，团体汇聚了全部的力量，这更能帮助学习者在学习上有所进展和突破。加拿大教育心理专家文泽则从心理学的角度阐释了合作的定义，他的观点是合作学习是在教师的组织和安排下，按照一定的原则将学生进行分组形成团队，团队之间的合作有助于个人的发展和成长。我国教育学者王坦则认为，合作学习在于将学生分配到不同的小组中去，在遇到学习困难时相互帮助、相互鼓励，不以个人的成绩作为衡量的标准，不强调"个人主义"，而是将小组的成绩作为判断的依据，并可以适当进行奖励。

（二）合作学习的基本要素

国际上关于构成合作学习的基本要素有几种不同的解释：第一种观点是由美国教育学家斯莱文在 1980 年提出的三要素理论。三要素理论包含了个人责任、小组目标和成功机会均等。第二种观点是加拿大学者库埃豪提出的四要素理论。第三种观点是美国学者约翰逊在 1993 年提出的五因素理论。五因素理论的观点获得了比较广泛的关注和认可，它包括以下五个方面的具体内容。

1. 异质分组

异质分组的主要优势在于小组成员之间可以取长补短，虽然个体之间存在差异，每个组员也都有自己的缺点，但是在合作学习小组中反而能够充分发挥自己的优势并且达到优势互补的目的。所以把小组视为一个整体，就能挖掘本组的最大潜力。教师在安排分组的时候要考虑多方面的因素，如学生的性别、爱好、特长、学习水平等，从而进行灵活多样化的搭配组合，使得本组的小组成员内部之间有明显的差异性，这样的分配使得整个小组充满生机，大家可以在这样的环境中共同进步。基础稍微差点的学生可以在合作学习过程中感受到榜样的力量，更可能形成积极主动的学习态度，或者在自己之前的学习方式上进行一些调整和优化，从而取得进步。基础好的学生在合作学习的过程中也能够充分发挥自己的能力，起到很好的示范作用，从中获得一些灵感和启示，促进后期的学习。

2. 积极互赖

积极互赖重点强调两个方面的内容："积极"强调整个过程的实施是学生自愿地积极主动地参与进来，不是受到老师、同学、家长等外界因素的影响而被动参与的，这两者之间有着本质的区别。"互赖"侧重交代了整个过程是双向的依赖关系，不是单向的贡献，这就表明在合作学习小组中的内部之间要做到相互配合、相互支持、相互理解等。"互赖"主要包括目标互赖、奖励互赖、角色互赖、资料互赖、身份互赖等方面。只有当组内成员之间的相互依赖关系得以实现的时候，合作学习的环境才真正创建，才能保证后续工作的有效开展。

3. 个人责任

个人责任是指在合作学习的过程中，小组内的每一位成员都需要为实现小组的目标而贡献出自己的一份力量，不能坐享其成。每位成员都应该以小组为中心，有强烈的责任感和使命感，小组的最终胜利取决于所有成员的共同努力，个人的每一分努力也都是小组成功的基础。只有每位成员百分之百地投入，小组才能发挥出最好的水平。

4. 合作技能

在合作学习的过程中，学生在构思和组织语言表达自己的想法和意见的时候，语言组织能力得到锻炼并不断提高；在所有成员表达自己不同的观点时，大家能学会分享并能够虚心接纳认可他人；同时也培养了学生的领导能力、决策能力等。这些能力都不是与生俱来的，而是通过合作的方式逐渐培养起来的。

5. 小组评估

小组评估是指针对合作情况做出客观公正的评价，这有助于学生培养良好的学习习惯，学会在学习中时刻进行反思和总结，为后期学习积累经验方法，也有利于加深组员之间的友情，增加团队的凝聚力。

二、合作学习的理论基础

（一）认知精制理论

认知心理学认为，如果要使人们把需要记住的信息一直储存在脑海中，并且可以与其他记忆点形成某种链接，产生网状的区块链一样的形式，学习者必须将这一部分信息进行自我编织与重新调整，把点状的信息进行线状的链接，也就是对信息进行精制的过程。西方学者诺斯里·韦伯的研究中也证实了在基于合作学习的教学活动中，收获最多的学生经常给其他同学进行重复解释性的工作，这也论证了在合作学习过程中，同伴活动在其中产生了巨大的作用。而合作学习这一教学方式正好在教学中增加了练习学习内容的次数。直接教学理论也承认练习的次数是决定教学效果的重要影响因素。

（二）教学互助理论

教学互助理论，顾名思义有两个关键词，即"教学"和"互助"。教学，对于从事教育的任何一名教师来说都不陌生。互助，主要是指互动。教学中的互动又可以根据互动对象的不同分为三种形式，分别是学生和学生之间的互动、教师和学生之间的互动以及教师与教师之间的互动。

教师将教学互助理论应用到实际教学中去，由于教学对象的个体多样性和复杂性，因此教学活动是一项复杂的活动，不是纯粹的知识传授过程，而是在这个过程中有所思考和创造。更重要的是，在教学过程中，教师还需要根据学生的实际情况，不断调整和优化自己的教学方式，以达到最好的教学效果。课堂是一种复合型的教学活动，是一种视教学为师生平等的互动关系的教学活动，分成单向型、双向型、多向型和成员型四种类型。这是合作学习对"教学是一种双边活动"教学观的拓展。

但是，有些学者对此有着不同的看法。他们认为把教学看作一种双边活动的说法不太合适。根据大量关于合作学习的实验研究可以发现，小组内部的成员在合作学习的过程中关系十分紧密，这主要体现在小组成员之间需要相互支持、相互理解、相互鼓励等才成实现目标。也就是说，小组成员在脱离了整个小组或者整个团体时，不能达到同样的高度和深度。小组决定着个人的成败，个体在很大程度上是依赖小组的力量而存在的，小组和成员之间相辅相成，共同进退。

（三）社会凝聚力理论

凝聚力是一种看不见摸不着的内在力量，在一些研究社会凝聚理论的学者和专家眼里，它却是在合作学习中起到重要作用的主要媒介。这种观点强调学生个体是独一无二、与众不同的，但是小组学习把他们联系在一起。在学习的过程中，学生本身存在的差异性就是其他学生很好的学习对象，彼此之间可以取长补短，所以学习起来难度降低，更加轻松一些。该理论重点关注的是学习动机，考察小组合作学习动机的运作模式。该理论的基本观点是把学生看作独立的个体，在学习中他们会相互帮助、相互交流，然而形成这种情况的原因是他们对机体的关心和在乎，他们认为机体的利益高于一切。而个体之间的互助最终都是为了小组整体获得成功。

（四）最近发展区理论

在苏联心理学家维果茨基看来，每个学生的水平都有两种。一种是现有的，即未通过开发而自带的；另一种是在学校教育等诸多因素的影响下形成的水平。而现有的水平和后期形成的水平之间的差异，就是最近发展区理论的内涵。这一理论非常重视学生的主观能动性，即在外部条件的作用下，在教师的引导下，学生的自主理解与发展能力都得到提升。

高校公共英语的课堂教学改革研究

根据最近发展区理论,教育工作者在设置关于合作学习任务的时候,应该考虑合作学习的相关特点进行更高效率的教学,而不是随随便便地套用合作学习的模式,局限于注重形式,脱离本质。因此,要想在合作学习中充分挖掘学生的潜力,充分调动学生学习的积极主动性,激发学生的学习欲望,就应该在设置合作学习任务时提前考虑以下因素:首先,授课教师在备课的过程中应结合自己的教学实际,分析学情,尤其要根据学生当前的水平来安排自己的教学,而不是单纯地模仿,甚至为了能够按时完成教学任务,以教师为中心,而不重视学生的参与度。其次,在安排学生的学习任务时,既要考虑到不能太过于简单没有任何难度,对学生来说不能充分得到锻炼,但是与此同时安排的任务又不能太难,完全不考虑学生的实际水平,打击学生学习的兴趣。总而言之,分析学生现有的学习情况,设计出有一定难度但是学生能够达到的高度的任务是最合适的,既有利于培养学生解决问题的能力,也能够让学生产生自信和合作意识。

事实上,学生心理发展的各个方面都存在一个"最近发展区"。因此,教师在公共英语教学中应重点关注学生的"最近发展区",这对提高学生的潜在发展水平是非常有益处的。虽然教学与发展存在差异,不可能马上看到明显的效果,但是教师在教学设计和安排上,在教学的各个环节应充分考虑学生当前水平和潜在水平的差异,这将对于学生综合素质的提高有很大帮助。

(五)动机理论

动机理论的研究方向主要是分析学生努力的背后因素,也就是学生活动的奖励或目标结构,主要有三种形式:个体性目标结构、竞争性目标结构和合作性目标结构。在这三种形式中,竞争性目标结构对于调动学生努力学习的动机不太明显,有时候还会适得其反,使某些学生太过于表现自己而受到其他学生的讽刺和排斥,导致不能和谐地融入集体;合作性目标结构和竞争性目标结构不同,小组的成功是个人目标实现的基本条件和前提。换句话说,要想实现自己的个人目标,就要求所有组员在团队协作的过程中全力以赴,和其他的成员齐心协力,朝着共同的方向努力,不将个人得失放在首位,而是团结一致地帮助整个小组获得最大的成功。要想团队成功,就需要在确立组员之间的相互依赖关系和个人的学习动机的前提下,通过小组奖励的方式来激发组员的动机。通过这样的方式慢慢对学生加以引导和关注,逐渐改变学生的学习方式,也让学生在合作过程中获得成就感和集体荣誉感,达到自我实现和自我满足的精神需求目标。对于教师的教学来说，只有充分调动学生的主观能动性，才能促使学生接受学习，爱上学习。只有发自内心地喜欢学习，才能达到最好的学习状态，并获得最好的学习效果，动机理论就是最好的理论依据。

在将合作学习运用于高校公共英语教学的过程中，个人的成功是以小组的成功为基础的。每位成员之间不分彼此，大家互相依赖、互相帮助，同时也互相监督，都为了小组的成功而贡献出自己最大的力量。这种方式可以营造出和谐、向上、温馨的学习氛围，自然而然地学生对于学习也充满激情，这能在很大程度上激发学生学习的动机，使学生有信心有勇气去解决问题并取得成功。

（六）社会学习理论

社会学习理论的内在机理是"刺激—反应"理论，是认知学习论与学习原理的延伸。该理论关注的重点是社会环境对个体学习的促进作用，认为学习的过程会受到外界因素的影响。外界因素主要包括环境、学习者、认知行为。合作学习的方式创造了学生之间的互动学习环境，促使学生的合作意识与认知行为逐渐成熟。

最先提出该理论的是美国当代著名心理学家阿尔伯特·班杜拉。他认为社会学习理论的主要内涵是通过对学习的观察和调节来引发人的学习行为，人的学习行为会在很大程度上受到外界环境的影响。他指出个体社会成员的认知、行为和环境之间的关系以及三种要素之间的相互作用，没有某种单一因素比其他因素更重要的说法，强调三者之间的相互作用，这对人类的行为能够产生基础性的影响。

班杜拉认为，并不是在合作学习的过程中只要跟组内成员待在一起就能马上看到学习效果，但是在课堂教学中由于学生之间年龄、兴趣等方面有相似之处，学生的参与度能够被充分激发，并且对组内成员的一些行为、品质等进行模仿，这就是榜样的力量。

班杜拉的社会学习理论非常注重学生的主体性和主导地位。该理论认为课堂上教师和学生之间的交流互动是教学的基本前提。单一的教师讲授方式不能满足学生的学习需求，需要为学生创造和提供良好的外部学习环境，充分尊重学生的主体地位。学生能够体会到自己才是学习的主人，在合作学习的过程中积极参与进去，加强与组内成员之间的互动交流，也为创建一种更为平等自主的新型师生关系提供了条件。

高校公共英语的课堂教学改革研究

三、高校公共英语合作学习策略

（一）改变传统观念

目前，很多高校的公共英语教学仍然采用传统课堂授课的模式，网络课程仅仅是一种辅助教学模式，还没有得到普及，学习效果和效率也不是很好。因此，采用网络课堂形式授课首先需要广大师生改变传统课堂授课的教学观念，学习网络环境下的教育教学理论，了解远程开放教育的规律和特点。其次，教师要指导学生借助网络提供的资源和技术学会合作、学会学习。

（二）激发学习动机

合作学习理论建立在学生有合作学习动机的假设之上。约翰逊兄弟认为，学习动机是借助小组活动互帮互助的人际交往过程产生的。学生有学习动机，就会产生合作意向，愿意投入时间和精力进行学习。网络环境存在很多干扰学生学习的因素，学生需要有比传统课堂环境下更多、更强大的学习动机，才能从容进行网络学习。强化动机理论和成就动机理论为激发学习动机提供了一些思路。以美国心理学家桑代克等人为代表人物的强化动机理论认为，外部刺激是促使学生学习的必要条件之一。因此，关注学生的学习情况并对学生的学习活动和成就（如一次精彩的小组展示汇报、一颗闪光的思想火花）予以鼓励等都能强化学习动机。

成就动机促使学生尽最大努力去完成一定难度的任务。成就动机理论认为，人们做任务时会选择并尽力完成一定难度的任务，力求获得成功的内部推动力。因此，教师在设置学习任务的时候，要把握好任务的难易度，遵循美国语言教育家克拉申提出的 i+1 理论法则，有梯度地设置任务，让学生在合作中克服困难、获得成功，从而产生信心和成就感，激发出内在的学习动机。

（三）培养自主探究与合作学习的能力

建构主义认为，知识是学习者在一定情境下借助他人帮助和必要的学习资料，通过意义建构的方式获得的，而非教师传授的结果。学生只有发自内心地改变被动学习的状态，才能自发、自觉地投入学习之中，领悟学习的真谛。教师提出明确的学习任务后，学生首先根据已有的学习资料进行自主探究，解决一些力所能及的问题；然后借助网络平台搜索和钻研新的学习资料，与同伴合作探索具有一定难度的学习问题；最后经过教师的指导解决问题并掌握新的学习方法。

第三节 探究式学习

一、探究式学习概述

（一）探究式学习的含义

探究式学习强调学生的主动参与，主要是学生在课堂中探索知识、构建知识体系。探究意为"探索""研究"，是多层面的活动，包括观察、提出问题。探究式学习是学生围绕一定的问题、文本或材料，在教师的帮助和支持下，自主寻求或自主建构答案、意义、理解或信息的活动过程。

探究是人们随着问题而产生的一种自然而然的思维方式，受人们的好奇心所驱使。探究的过程既是实践的过程，又是创新和求知的过程，有利于学生逻辑思维以及对新鲜事物好奇心的培养。

归纳总结教育领域的核心问题便是学生"学什么"与"怎么学"，家长、学生、教师都很关心学生会学些什么，教师同时也在时刻关注着学生该怎么学才能够达到大家所期望的结果，这就对于教师的教学方法、学生的学习方法提出了更高的要求。探究式学习本就是注重过程的学习方式，这就与"以成绩说话"的学习方式有着很大的差异，学生需要明白的是在学习过程中哪一个环节出了什么问题才导致当下呈现的学习结果，需要在学习过程中寻找成功或失败的经验，这也是探究式学习的真正目的。

（二）探究式学习的意义

1. 探究可以激发好奇心

学生在探究的过程中获得了他们对于问题的解决办法时，也将从中获得极大的满足感、自豪感，这非常有利于学生好奇心的激发，促使他们有信心探究下一个问题，并促进学生不断攻克面临的一个又一个问题，学生也会更愿意参与其中，不断突破自我。

2. 探究可以获得知识

学生有许多获得知识的途径，但研究表明，通过探究获得的知识会更加牢固，尤其是在与生活实际相结合的探究活动中。因为这些知识都属于学生通过亲身试

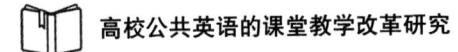

验自主探究获得的，对于他们来说更加真实，可信度更高，他们也更愿意采用这样的学习方式获得对于知识的深层次的理解。

3. 探究可以锻炼头脑

学生参与一系列的探究活动时思维在不断跟着问题转动，而不是机械地跟着教师学，在这个过程中学生的思维能力得到有效锻炼，学生才会更加快速地发现问题，他们也会观察身边易得的事物来进行实验操作以印证自己的猜测，学生的动手能力、观察能力也都能得到有效的培养。

4. 探究可以培养综合能力

探究是一个综合运用知识与技能的过程，在这个过程中需要用到现有的和以往已经获得的知识，这有利于促进学生知识的融会贯通、推陈出新，对以往的知识有更多方面、更丰富、更深层次的理解与认识，对现学的知识有初步的把控能力。所谓"温故而知新"就是这样一个道理，对于已经学习的知识会产生新的见解与认识，思考问题时也会更加全面。

5. 探究可以培养交流和表达的能力

在探究的过程中是需要同学之间、师生之间多次合作与交流的，这就促使学生能够清晰地表达自己的观点，并且也能够清晰地与人交流，学会分享、合作、尊重、赞赏、接纳彼此。这是无论在哪个学科学习当中都需要培养的，交流与表达的能力得到培养也会更加利于以后的学习与生活。

（三）探究式学习的特点

1. 自主性

探究式学习的自主性的具体体现是学生知识的自主建构，在各种活动、问题、讨论总结中构建出属于自己的一个知识体系。学生通过自主地对于一系列问题进行探究活动、搜集信息、交流、总结等，更加充分地体现学生在课堂中的主体作用。而且在这一过程中学生能够自主发现问题、制订计划、开展活动、得出结果、分享结论，全程都可以独立完成，教师不能够参与太多，大胆放手让学生独立自主学习。

2. 实践性

探究式学习的核心是设置探究活动，就是需要学生实践操作参与的课堂活动，这样的活动一定是具有实践性的。在探究式学习活动中，教师应在各方面给予学生指导，如学生的探究方式、提出哪些相关问题、如何合作交流、讨论得出了哪些结论等。此外，学生应该在活动中去探究，亲身经历探究的整个过程，在实践中总结分析解决问题的办法，并逐步提高自身的能力。

3. 建构性

建构性体现在促进学生知识的自主建构上。建构性是指学生根据自身已有的知识与客观存在的知识的相互作用来获得重新组合的知识。教师的引导需要建立在学生的认知经验的基础上，不可一概而论，要尊重学生的差异。

4. 协同性

协同性体现在学生在探究式学习过程中的协商与合作上。学生在探究式学习过程中需要不断地交流、协商、合作才能够让学习进一步进行下去，个体的自主性才有存在的意义，才有发展的可能，学生之间不同思维的不断碰撞能够促进探究活动的多样性，大家共同交流、协商，为了一个共同的目标而努力。

综上所述，探究式学习的这几个特点并不是独立存在的，他们之间有着联系、制约、协作的关系。正是因为探究式学习的这些特征才使得它非常有利于学生的学习，能够培养学生多方面的能力，也能够让课堂的氛围变得更加活跃，学习会更加有趣，更加积极有效。

二、探究式学习的理论基础

（一）建构主义学习理论

最早提出建构主义学习理论的人是皮亚杰，他是认知发展心理学领域最杰出的心理学家，建构主义学习理论最早源自儿童认知发展的理论，皮亚杰认为通过自身学习和身边环境的影响，儿童可以自行树立起自己的知识网络，并通过不断丰富而实现自身的进步。之后，卡茨（美国社会学家）、维果茨基等人又在皮亚杰的基础上深入研究，不断发展，最后形成了现在的完整的建构主义学习理论。

建构主义学习理论认为，学生接受知识不应该从教师那里单方面输出，当学生在接受新知识的时候，其本身就已经具有一定的知识储备量、学习的经验和社会阅历，而且不同的学生拥有的知识和经验都有很大的差异性，所以如果教师仍旧以传统的教学方法统一地教授所有的学生，就忽略了学生的个体差异，对于一些学生来说他们的学习效果就不理想。而建构主义学习理论认为，教师应充分了解不同学生的个体差异，针对个体的潜能发掘潜力，利用已经有的知识建构出新的成果，使学生的综合水平得到有效提高。

建构主义学习理论强调，在教学的整个过程中，应该以学生为中心，学生在学习的过程中应主动发现问题，并对其进行探索、思考、交流，最终对所学到的知识进行主动的知识建构，而教师在这一过程中应为学生的学习提供信息支持，帮助学生进行知识的建构。

总之，人们的认知和发展都与其本身的学习过程有关，每个个体都有属于自己的学习规律，而在建构主义学习理论的指导下，能够形成更加有效的学习方法，提高学习效率。对于探究式学习来讲，建构主义不但是非常重要的心理学依据，也是探究式学习能够有效实施的强有力的支撑。

（二）人本主义学习理论

人本主义学习理论是当代心理学重要理论之一，在20世纪60年代的美国开始兴起，主要代表人物是马斯洛和罗杰斯。人本主义学习理论认为，行为主义只是单纯地反映了人类的学习，无法与动物区别，而认知心理学同样不能体现人类的价值观和世界观，要理解一个人的行为，应特别关注人的情感、信念、尊严等内容，因为它们才是人与人之间产生差异的根本因素。因此，以学生为中心来构建学习场景，是人本主义学习理论强调的重点。

人本主义学习理论的目的就是让学生在接受新知识的时候保持强烈的好奇心，在教师的帮助下主动探究、了解、分析、思考他们认为感兴趣的东西，而不是教师填鸭式地让学生在课堂上枯燥地学习教材。人本主义学习理论代表罗杰斯认为：人类天生便具有学习的愿望和学习的潜能，并能够在恰当的环境条件下释放出来，当学生发现所学习的内容正好是自己需要的知识时，他的积极性会被激发，学习效率自然就提高了很多。

人本主义学习理论和探究式学习法都强调"以学生为中心"的理论思想，人本主义学习理论对探究式学习法有很强的理论支撑作用。因此，在实际教学中，教师应尊重每个学生的自我潜力和社会经验，帮助学生自发、主动地探究、学习。

（三）发现学习理论

发现学习理论最早可追溯到古希腊哲学家苏格拉底的"产婆术"，经过近代教育学家卢梭、第斯多惠等人的思想演变，最终使之成为理论的是美国心理学家布鲁纳。他认为发现学习法是一种积极的学习方法，不把知识直接传授给学习者，而是从学习者本身出发，利用学习者的好奇心，并在教师的指导下，根据教师提供的信息和材料主动去发现问题，再努力解答问题。也就是说，让学习者成为知识的发现者，而不是被动地接受结论。

发现学习理论的教学模式能够培养学生的探究意识，激发学生的学习热情，锻炼学生解决问题的能力，让学生像科学家一样积极主动地探索和学习，从宏观或者微观的角度探索事情变化的起因及其与外部的联系，为了寻找真理想方设法地寻找解决问题的方法，最后得出结论，学生会在这个过程中体会发现知识时候的快乐和成就感。学生在发现问题及解决问题的过程中会运用到很多别的学科的知识，这就需要学生将自己本身的能力或者社会经验运用到解决问题上面，使得学生在解决问题的时候得到全面的发展，综合素质也会显著提高。

发现学习理论充分体现了探究式学习法的优点，教师在学习情境中作为辅导者，帮助学生成为学习的主人，引导学生去探索未知的世界，促进学生主动探究学习能力的发展。所以，倡导探究式学习的方式就是在培养学生的创造性思维，锻炼学生独立思考的能力和促进学生全面发展。

（四）主体性教育原理

主体性教育原理强调在教学过程中正确认识教和学的主体，使教师的教和学生的学在学习过程中都能发挥各自的主动性、积极性和创造性，使整个教学过程处于师生之间和学生之间相互促进、全面发展的状态。随着社会的飞速发展，培养学生主体性的教育变得更为重要，而探究式学习可以发挥学生的主体作用，调动学生学习的积极性，更好地贯彻主体性教育原理。

（五）后现代课程观

后现代课程观在20世纪后现代主义思潮的影响下产生，其中美国学者多尔的后现代主义教学观是最具有代表性的。后现代课程观强调课程是一个动态的概念，强调教学是教师和学生互动的过程，在教学过程中能够解放学生天性，使学生能够自由表达看法，提出自己的见解。多尔推崇适合探究的课堂学习环境和学习过程的探究性，这样才有利于学生创造性的提高。前一个尝试探究（目标）往往为后一个科学探究（目标）提供建议。探究式学习明确学生的主体地位，学生作为学习过程的探究者主动搜集资料，认真进行感悟、欣赏和品鉴，在这个过程中，学生的反思能力、批判能力以及学习能力都得到了充分的发挥。对课程本身来说，不只是关注课程的规划、设计、实施和评价，还应注重理解课程在文化、历史、政治等方面的影响。因此，后现代课程观成为探究式学习有力的理论支撑之一。

三、高校公共英语探究式学习策略

(一)实施探究式教学,加强师生互动

在探究式教学的过程中最重要的便是学生与学生、学生与教师之间的良好互动,一个和谐、共享的互动格局有利于探究式学习的顺利开展。在互动环节,教师应让学生作为课堂的主体,允许其根据自己的感受与见解发表自身的看法,并能够根据学生的表现给予引导,让其在互动环节提升对英语的认识。同时,探究式学习方式还可借助生活、学习中的新鲜事物调动学生对英语学习的积极性。

探究式学习方式的好坏只有经过实践才能加以论证,同时,实施分组教学有利于探究式学习的顺利开展。分组教学有别于传统的"一板一眼"的教学模式,其重在培育学生的团队合作精神以及在教师的指导下主动探讨知识和相互合作的能力。随着新时期教育理念的转变,这种教学方式得到越来越多的人的认可,并对提高课堂教学质量发挥了至关重要的作用。教师在选择分组时应根据学生的性格特点、学习成绩、心理素质以及男女比例进行合理分组,可以同桌两人为一组,也可以按照座位次序前后左右组成四人讨论小组等,这都需要依据实际情况做出灵活的应变对策。

(二)重视训练探究式英语思维

英语作业是英语学习的一个重要方式,因此,教师在布置英语作业的时候,要尽可能运用英语的情境布置,不能按照以往的布置方式,给学生设置硬性要求,而应以英语的形式对其进行合理引导。

这种英语作业布置方式有利于激发学生的新思维,并在完成作业过程中收获一些新的知识,这也有利于作业的按时完成。在讲解过程中,教师要将提纲罗列出来,允许学生在相互交流中搜集重要信息,这对于学生的思维开发起到了重要的作用。此外,教师可以利用这种方式引导学生进行探究式学习,事先告知学生讲课的内容,引导学生写出具体的讲解提纲,在书写过程中锻炼学生的能力。

教师应改变以往的教学模式,重视英语的实际应用性,让学生走出课堂,走进生活,将英语理论学习与实际工作、生活紧密联系;加强师生之间的互动,及时了解学生的信息以及动态,依据学生的英语水平制订切实可行的英语教学计划,注重学生英语口头表达能力以及书写、语言组织能力的锻炼,使其变被动学习为主动探索,提升学生的综合素质与英语水平。这是高校公共英语教学中应该考虑的问题和应该采取的行动。

第四节 反思式学习

一、反思式学习概述

（一）反思式学习的含义

1. 反思

有关反思的研究最早始于哲学领域，后逐渐涉及教育学、心理学等多个方面。哲学家根据自身对反思的理解，从不同角度对反思进行了解释：英国思想家洛克认为，反思是指个体通过内心活动对自身个体的活动进行观察和感知，最终获得新知识的过程。他认为反思是获得新知识的一个途径，"人产生的一系列活动可以借助自我反思来实现对观念的理解和加深，比如怀疑或者信仰的观念"。荷兰哲学家斯宾诺莎认为，反思是一种高级的认识真理的方式，认识的结果是产生相应的观念，"观念可以被我们看作认知过程中的研究对象，不断深入了解探索并且反复理解的过程就是反思"。德国哲学家黑格尔则认为反思是从事物的联系中把握其内部对立和统一相结合的概念，他的观点是反思的思维模式不是复杂多样的，反思是将思想注入其中后形成丰富的内容，并保证思想自觉性的过程。

首次在教育领域中提及反思这一概念的是杜威的著作《我们怎样思维·经验与教育》。他在该著作中将反思定义为反省思维，由名字可知，他认为反思是就某个问题进行反复持续的思考的思维模式。他认为反思是在一定的假设基础上，以数据和理论为支撑，通过一定的验证和论证进行独立思考的过程。

我国学者也就自己的观点对"反思"进行了概念的界定，熊川武对反思进行了分类，将反思分为经验性反思和科学性反思。经验性反思强调"回顾"型的自我反省，同时将该行为贯彻到整个行为活动过程中；科学性反思是按照科学的方法，从提出问题开始，然后提出假设，最后论证的过程。陈菊萍也提出了自己对于反思的看法，认为反思的过程本质上是检验的过程，是对整个思维过程的检验，从而获得新的认识。陈佑清也对反思进行了分类，将反思分成"反复、反身、返回去"三种类型的思考。

反思的具体特点如下：反思是自身内化的过程；反思是持续不断的过程；反思的目的是以未来为方向的。

2. 反思式学习

综观国内外涉及反思式学习的相关学术研究，其在定义上有不同的看法。美国当代教育家舍恩将该概念理解为在达成某个目标的过程中或者已经达成了某个目标后，对自身进行的行为反思，按照时间发展顺序将该概念分成行动前、行动中、行动后的反思。美国哥伦比亚大学教授乔纳森也发表了自己对于反思式学习的理解，认为反思是对自身所学习的内容进行详细的复述，同时将反思行为贯彻到整个学习过程的行为。

我国学者也对反思式学习进行了定义。涂荣豹认为反思式学习是将整个学习活动过程中的相关问题与经验进行多次反复思考，思考内容包括学习材料、进行学习活动时的思维过程以及学习结果等。陈菊萍在元认知理论基础上提出反思式学习过程就是学习者对学习活动中所涉及的材料、所使用的学习方法和策略、解题思路等进行思索的过程，不是简单的回顾和复习。可以看出，以上学者都认为反思式学习是基于元认知策略的，学生反思学习活动和学习过程所涉及的一切，不仅是对结果的反思，而且是对参与学习的一切事物进行反思，如采用的学习策略、学习的材料等。

陈佑清从建构主义的角度定义反思式学习，他认为学习者不应不加思考地接受教师传授的知识，相反，学习者应该积极主动地将新旧知识之间建立联系，在原有知识的基础上形成新体系。

反思式学习是一个循环的过程，即从学习者制订学习计划、学习新知识、取得学习成果、进行反思总结到重新开始落实计划的行为过程。反思式学习能帮助学生找到适合的学习方法、恰当的学习方式、正确的学习策略。

不同学者根据不同理论和操作实践等提出不同的观点，但深究其思想不难发现这些不同的观点从根本上来说大同小异。简言之，首先，反思式学习就是对学习的反思，从学习的计划、实施过程到总结归纳，涉及学习的各个方面。其次，反思式学习是一个主动的过程，需要学习者掌握相应的学习策略。最后，反思式学习是一个很好的行为习惯，在一定程度上可以保证学生独立有效地完成学业，提升学生的综合水平，尤其是学习水平。总之，反思式学习是一种重要的学习方式，应该贯穿于学生学习生活的始终，并作用于学生的未来。

3. 反思式学习能力

学习是指获得新知识或者新技能的过程。能力是指在完成一个目标任务的过程中所呈现出来的综合素质。反思式学习能力是指在学习过程中进行自我认知、调整和评价的能力。该能力需在具备一定知识或技能的基础上发展形成。英语反思式学习能力是指学习者对自身的英语学习活动进行反思，对自己的英语学习进行自我监察和审视，从而发现问题并积极进行自我调整，最终促进学习者英语学习的整体进步。

基于美国教育家梅兹罗的理论，学习者具备两种学习能力：非反思式学习能力和反思式学习能力。非反思式学习能力包括习惯性能力和理解性能力两种。习惯性能力是指学习者在过去的学习经历中，长期、反复使用某种能力，最终形成习惯，无须思考的无意识行为。理解性能力是指学习者对教师所讲授的内容以及教材的理解能力，对所学知识的接受程度，与对知识的评价无关。

反思式学习能力可以分为浅层反思能力和深层反思能力。浅层反思能力是指学习者只关注学习内容和学习过程，关注自己做了什么以及如何做的。深层反思能力主要是指批判性反思，具备该能力的学习者会思考自己是什么样的学习者，为什么这样学习。学习者根据自身情况，对自我的学习过程以及取得的结果进行监控和反思，从而进一步改善自我的学习效果。

（二）反思式学习的特点

1. 批判性

人的思维往往存在着一定的缺陷，诸如习惯从固定的视角看待和解决问题，常常在缺乏证据的情况下就做出概括和总结，这些不良的思维习惯大大限制了学生的发展。而反思式学习是学习者对自己的学习过程进行自我把控、自我调整的一种学习方式，质疑是反思式学习的基础。在反思式学习的过程中，学习者对自身的思维、行动一直秉持一种批判的态度，敢于打破自己或他人的固有观点和结论，客观、严谨地分析自己思维和行为中的缺陷，从而实现自我的改进和完善。

2. 探索性

反思式学习本身就是一个探索的过程。学生在回顾自己学习活动的过程中，主动探寻知识的漏洞、思维的缺陷、行为的错处，总结成功的经验，补足活动中的不足，改进自己的学习。反思式学习的过程就是学生主动发现问题、分析感悟、改进方案、实践验证，找到问题的最佳解决方案的过程，是一个充满探索的过程。

3. 自主性

反思式学习的主体是学生。知识是可以灌输的，技能是可以强化的，但反思的思想和行为是无法强迫实施的。反思式学习是"学生对自身的学习活动进行自我认知、自我评价、自我批判并获得自我体验的过程"。它是建立在学生主动想学的基础上的,同时需要学生主动付出努力坚持学,这样才能得到自我的提升。所以说,反思式学习是学生的一种积极主动的学习行为。

4. 发展性

反思式学习不同于传统常规学习的一个重要方面就是它是以学生"学会学习"而不是"掌握知识"为最终目标的,相对于成绩,它更关注的是学生的长足发展。在科学技术飞速发展的今天,如果我们只一味满足于现有的知识和技术,那人类社会就会停滞不前。而反思式学习不单满足于完成学校、教师、课程所规定的那些学习任务,更要求学生掌握解决问题的方法。一旦遇到利用现有知识解决不了的问题时,不会反思的学生只会选择放弃,而会反思的学生会通过回顾、反思分析出知识的漏洞,吸收知识、调整知识结构,最终寻得新的问题解决方案。

5. 监控性

反思式学习要求学习者本身要能够对自己的学习过程有一个全程的监控,并能够客观地审视、评价自己的学习过程和学习效果,及时反馈学习过程中的各种信息,总结成功的经验,寻找失败的原因或者自身不足的地方,及时进行调整和纠正,才能最高效地实现预期的学习目标。

二、反思式学习的理论基础

(一)元认知理论

美国发展心理学家约翰·弗拉维尔在其著作《认知发展》中对元认知这一概念进行了详细的界定。他指出,元认知就是指个体对自身认知活动的认知,包括个体对自身的心理、认知策略等方面的认知,这说明元认知活动并不是简单意义上的认知活动,而是活动主体根据自身的状况对各种活动的自我监控和调节。

具体来说,元认知涉及三个方面,包括元认知认识、元认知体验和元认知监控。元认知认识又分为程序性认知、陈述性认知、条件性认识这三个分支;元认知体验主要是在进行认知过程中对于参与者情感态度方面的探索;元认知监控则是参与者在进行一定的认知活动时,要定时进行自我调节和规律性的监控。

在学习过程中,学生会不断地为实现学习目标而进行一系列的学习反思,当然也会为自己制订可靠有效的学习计划、安排学习任务以及采用一定的学习策略，而且在具体的学习过程中，为了保证学习效率还要不断地调整、优化、改变策略，这就是元认知监控。在完成整个学习过程后，将自己获得的学习成就与教师对自身的要求、预先设定的目标进行比较，这个过程也就加入了元认知体验的元素。

在课堂中学习的学生普遍拥有与元认知理论相关的习惯，但并未形成系统，如果教师对其进行系统的训练和指导，促进学生对该技能的熟练掌握，这也能保证在日常学习中在很大程度上促进学生进行反思式学习。元认知理论在学生进行反思式学习的过程中会起到一定的调节作用，能间接提高学生的学习效率，同时也是反思式学习的重要组成部分。

（二）转化学习理论

转化学习理论兴起于 20 世纪 60 年代，发展于 20 世纪 80 年代。梅兹罗最先对转化学习进行了系统的理论研究，并获得了非常有价值的研究成果。在他看来，"转化学习就是在反思自己原来的假设等方面的前提下，试图解释评估适当性的学习的一个过程"。不同学者将转化学习的过程分为不同阶段。梅兹罗也将其分为十个阶段，但大体可归纳为五个阶段，其中第二阶段为反思阶段，也是其转化学习理论中最重要的一个环节。梅兹罗认为，反思是对我们试图解释的某种经验的内容和过程等方面进行全方位、多层次的评估的过程。梅兹罗认为，反思有三种不同的形式：内容性反思、过程性反思以及前提性反思（批判性反思）。

内容性反思是学习主体对学习过程中的内容和问题进行评估，也就是明白学什么；过程性反思是学习者对在实际解决问题时用到的方法进行评估，也就是明白如何解决问题；前提性反思是学习者质疑学习内容的过程，即学习者想知道为何提出该问题。根据梅兹罗的观点，在学习中，促进学习意义体系的转变是在内容性反思和过程性反思阶段中完成的，而学习意义观点的转变是在前提性反思中完成的。所以前提性反思是这三种类型中最重要一环，但需要以内容性反思和过程性反思作为基础，这三种反思类型相辅相成，互相促进。从而可以得出，反思在整个学习过程中起着必不可少的关键作用，它是学习主体对自身原有认知进行质疑和检验的过程。基于梅兹罗的转化学习理论，许多学者对反思式学习进行了深入的研究。

三、高校公共英语反思式学习的内容与阶段

（一）反思式学习的内容

在高校公共英语的反思式学习中，学习者应该反思什么呢？所有与英语学习相关的因素都应该被反思，这主要包括学习内容、学习过程、学习策略、学习效果以及学习者对自身英语学习能力的反思，还包括与英语学习相关的其他因素，如学习的态度、动机、情感因素、课内外的学习环境、师生关系和同学关系等。通过反思，学习者可以意识到自身的缺点和不足，从而增强对自己所采用的学习策略的了解，同时意识到不断对自己的学习目标及其结果进行评估的必要性。没有反思意识，学习者会陷于他们原有的信念和行为模式，从而永远都不能成为真正的自主学习者。

（二）反思式学习的阶段

一般而言，英语学习可以分为预习、学习和复习三个阶段，据此，我们把高校公共英语反思式学习分为学前反思、学中反思和学后反思三个阶段。在各阶段中，反思的内容各有侧重。

学前反思主要是就学习目标及其相关的内容进行反思，了解学习目的，并制订相应的学习计划。例如，在预习词汇时，学习者不应该仅仅满足于词汇的读解和识记，而应该查找其近义词、反义词和相关词组等，做到举一反三、融会贯通。通过查找相关资料，了解要学的内容，要解决什么问题，采取的是什么方法，重点、关键在哪里，等等。在反思过程中，应采取边阅读、边思考、边书写的方式，把内容的要点、层次、联系画出来做上记号，写上自己的看法。在预习过程中，特别要注意反思异域文化现象。现代英语教学不仅是语言教学，更是文化教学。

学中反思就是指学习者就学前反思的内容和教师课堂教学的内容和方法进行反思。学习者要就以下几种情况进行反思：自己对教师教学目的与要求的了解情况，把教师的教学目的转化成学习者自己的学习目的的情况并在此基础上努力学习的重要性的情况，教师在课堂上采用某项教学活动提高学习者语言能力意图的情况，课堂上是否能跟上教师教学进度的情况，自己预习时解决的问题与教师的讲解印证的情况，自己预习时未解决的问题在课中教师讲解的情况，等等。

学后反思是指学习者在课后对自己的学习效果进行反思、评价和监控。学习者的学后反思主要包括以下几个方面：对学习策略的了解情况，是否有意识地使

用有效听力策略、交际策略、阅读策略和写作策略以及对这几种策略的监控情况，在课外主动寻找各种机会学习英语、运用英语的情况，克服不利于英语学习的情感因素的情况，利用已有学习资源的情况，把新学的知识应用到语言实践中去的情况，与他人合作学习的情况，在语言学习过程中能否意识到自身错误的情况，在意识到错误的同时能否找到错误原因并采取相应措施更正错误的情况，能否选择有效学习途径使自己成为一个更好的语言学习者的情况，在完成某项语言任务过程中能否同步检测自己预先制订计划完成的情况，在完成某项语言任务过程中能否检查并更新自己对前面知识理解的情况，等等。

第五节　项目式学习

一、项目式学习概述

（一）项目式学习的含义

"项目"一词范畴广泛，在《辞海》中意为"一个小组为完成一个具有具体目的的任务而设计一系列行动步骤,呈现可交付的成果意为结束"。最早将"项目"一词引入教育领域的是美国教育家威廉·赫德·克伯屈，他在哥伦比亚大学的《师范学院学报》上发表的《项目教学法：在教育过程中有目的活动的应用》一文中提到"从学生的兴趣和需要出发，制订实现目标的工作计划，在通常状态下选择适当的材料，从真实的生活情况中提出学习的目的，最后完成工作"。"项目式学习"即 Project-based learning（PBL），在国内也被称为项目式教学、项目化学习、项目教学等。然而，目前学术界对什么是项目式学习以及项目式学习的意义并没有共时性的定义。在此收集了国内外学者或机构对项目式学习提出的一些具有代表性的定义和内涵，如表3-1所示。

表3-1　项目式学习的概念界定

学者或机构	定义	内涵	关键词
巴克教育研究所	一套系统的教学方法	它是研究复杂和真实问题的过程，以及项目作业的准备、项目任务的计划和实施的过程，在这个过程中，学生能够获得必要的知识和技能	真实问题 探究过程 知识技能

续表

学者或机构	定义	内涵	关键词
马克汉姆国际教育集团	一种教学模式	项目式学习是在特定情境模型中开展研究教学，学生在实际情况下，围绕特定主题，在教师设计任务的基础上进行长时间的开放式探究活动，实现多方位的知识建构和自身能力的增强	真实情境 完成任务 自我构建
胡红杏	培养学生核心素养的课堂教学活动	基于课程标准，以实际问题为导向的小组研究，以获取相关的学科知识，促进创新意识和实践的教学活动	课程标准 小组合作 知识能力
李玉霞 田科	一种主题探究活动	教师根据课程标准，以学生的经验设计驱动问题为考量。学生利用他们所学知识和实践经验探索并收集相关资源，互相讨论后确定问题的主要方向和细分方向，在此基础上进行主题研讨活动，最后以精心设计的作品作为研究结果	课程标准 问题驱动 问题探究
梁云 孟伟	创新实验教学、提高实验教学水平的一种教学策略	以任务为导向的实验项目，以项目为载体，向学生提出需要完成的工作要求。学生应通过设计实验方案、实验步骤等灵活完成任务要求，最终完成实验项目	任务 设计 实践

（二）项目式学习的特征

关于项目式学习的特征，不同学者从不同的角度提出了自己的观点。美国学者克拉伊契克等认为项目式学习具有驱使性的问题、调查、产品、合作和技术工具等五个主要特征。杨莉萍、韩光则从另一个角度阐释了项目式学习的显著特征：项目式学习既重视"教"又重视"学"，强调解决真实世界的问题，强调以学生为中心，强调探究性学习。大多数学者认为项目式学习强调在问题驱动下进行活动探究、实践创新、能力发展。

项目式学习主要具有以下六个特征。

①真实情境。项目式学习强调在真实情境中进行，问题多源于学习者身边的事情，学习者可以以自己的方式解决在实际生活中会遇到的真实问题，适应时代发展要求，学习也会更有意义。

②问题驱动。在项目式学习中,有一个驱动性或引发性的问题推动学生进行探究,参与到学习活动中。

③学生主体。在项目式学习中,教师只起促进作用,学生才是活动的主体。

④探究学习。项目式学习重视学习共同体的存在,强调小组合作学习。在探究过程中,学生通过共同承担任务、相互补充学习,可以弥补知识的不足,发展问题解决能力和思维能力,实现个人价值。

⑤最终成果。项目式学习强调最终成果的产出,成果可以为实物产品、解决方案或展示回答等。其成果产出有利于提高学生的学习积极性,也有利于学生问题解决能力和自主学习能力的发展。

⑥多元评价。在项目式学习中,评价方法多元,评价内容多维,有利于项目的产出,也有利于学生自身能力的提升。

(三)项目式学习的步骤

目前,关于项目式学习实施步骤的研究已较为完备,基本能够指导教学发展、提供实施流程指导。美国教育家基尔帕特里克在《项目式教学法》一文中阐述了其基本主张,指出项目式学习包括构思、计划、实行、评估四个阶段,这在一定基础上奠定了项目式学习的方法论基础。其后,美国神经病学教授巴罗斯将项目式学习的基本步骤分为分析问题、收集信息、综合、摘要和反思五个阶段。在前人研究的基础之上,英国学者里格利提出了自己的观点,他认为项目式学习的步骤分为五步:选择话题、制订计划、实施研究、形成成果和交流评价。21世纪之后,学者对项目式学习实施步骤的研究更为直观、具体。刘景福、钟志贤认为,项目式学习包括选定项目、制订计划、活动探究、作品制作、成果交流和活动评价六个基本步骤。胡佳怡提出,项目式学习一般包含提出问题、设计项目、创设环境、探究学习以及展示评价五个主要步骤。

刘景福、钟志贤界定的步骤更为清晰,即项目式学习一般包括六个阶段,具体如下。

①选定项目。项目的选定是项目式学习的第一个环节。项目的选定宜根据课程标准和学习者的情况,由教师和学生共同决定,以确保项目的科学性。项目的主题一般需要基于真实世界的问题,反映学科的核心知识,提升学生的综合能力。如果只是由教师或者学生决定,不免出现趣味性、可行性、实用性或科学性的缺失。

②制订计划。项目的顺利运行离不开计划的制订。小组成员确定好后,组内成员共同确定项目的学习目标、时间规划与人员分工规划。

③活动探究。活动探究是项目式学习的关键环节。组内各成员根据分工的不同各自完成自己的任务，汇总成果，探究交流，既有自主学习，又有小组合作学习。教师在此环节应该提供相应的辅助，确保探究活动的正确进行。

④作品制作。最终成果的制作是项目式学习不同于其他教学方式的关键特性。学生利用学到的相关知识和技能进行作品制作，作品展现形式不限，可以是书面的，也可以是口头的。海报、多媒体展示、辩论赛、演讲比赛等，形式多样。

⑤成果交流。通过对项目式学习最终产品的交流与讨论，学生不仅可以丰富、巩固自己的知识，而且还能够相互交流借鉴，弥补不足。成果的交流讨论也有利于学生自我效能感的提升。

⑥活动评价。项目式学习的活动评价是开放的，一般由教师评价、学生互评和自我评价组成。项目式学习同样重视学生互评的作用，有学者指出，学生互评可以产生与教师评价一样甚至更好的效果。多元的评价方式有利于学生相互借鉴、反思，也有利于学生的共同成长。

二、项目式学习的理论基础

起源于杜威"做中学"理论的项目式学习模式，以建构主义学习理论和多元智能理论为基础，注重让学生主动在生活实践中建构知识，并强调学生综合能力的发展。

（一）"做中学"理论

19世纪初，美国教育学家杜威在其著作《民主主义与教育》中提出"做中学"理论，他认为"教育即生活"，学生在实际生活中所学到的知识才是有意义的。所以，学生要在实践生活中进行学习。这是项目式学习模式的缘起。实践生活的切身体验是项目式写作教学模式的出发点和立足点，重在于体验中激发学生的写作情感。

（二）建构主义学习理论

20世纪70年代，瑞士认知心理学家皮亚杰等人提出建构主义学习理论。该理论学派认为，学习者学习的过程是主动建构意义的过程。学习过程并非学生一味地、被动地接受知识，而应该是学生主动在生活中进行探索，并不断加工、处理信息并建构知识的过程。从师生关系上看，建构主义反对教师在课堂上居于主导地位。他们提倡让教师做学习过程的促进者、引导者和帮助者，帮助学生建立起新旧知识的联系，促进新知识的学习。

项目式学习和建构主义的相同点：①教学应以学生为主体进行新旧知识的建构；②教师在教学中充当脚手架，在新旧知识之间建立桥梁，让学生更好地构建知识。因此，二者均给教学双方进行了明确定位——学生是学习的主体，教学是学生不断进行自我探索、习得知识的过程；教师是学生学习的引导者、促进者和帮助者，其作用是不断帮助学生完善"图式"、习得知识。

（三）多元智能理论

1983年，美国心理学家加德纳在《智能的结构》一书中提出了多元智能理论，他指出，人类的智能是多元的，不仅仅是一般意义上的语言、逻辑思维两种能力。多元智能理论突破了传统意义上的智能范畴，将人类的智能扩展到音乐、空间、身体动作等各种能力上去，拓宽了对"人"的"能力"的认知。将这种理论运用到教学中符合课程改革中的多元评价理论体系的要求，能够使家庭、学校和社会从多角度评价学生，有利于培养多方面全面发展的社会需求型人才。项目式学习模式注重对学生的成果进行多元化评价，促进学生对自己的研究成果的认识和理解，这与多元智能理论的实质不谋而合。

三、项目式学习在高校公共英语教学中的作用

（一）改变了传统的英语教学模式

在高校公共英语的课堂教学中引入项目式学习，是对传统英语教学模式的一种创新与优化。随着社会的进步与教学目标的变化，教育部门对高校的教学要求也有了新的标准，这也使得高校要对原有的人才培养机制进行相应的创新与改变，这样才能够满足新时期的社会发展需求。相比较于高校的其他科目，英语的教学模式更要与时俱进，才能与国际接轨。而将项目式学习引入高校公共英语教学模式当中，不仅是对高校公共英语教学模式的革新，对于广大学生而言也是一种大胆的尝试。在项目式学习中，教师改变了现有的英语教学模式，要求学生根据与课程内容相关的选题，在小组中进行相关操作与探讨，在解决问题过程中发挥团结合作的精神和主观能动性，创造性地完成任务，通过实践的方式来提升英语技能水平与自主学习的意识。

（二）提高了学生的英语学习热情

项目式学习主要由内容、行动、氛围与结论这几个方面构成，内容就是指项目的选题。在英语学习过程当中，要结合生活实践设计项目式学习内容，培养学

高校公共英语的课堂教学改革研究

生与人进行英语交流时所需的对话能力、英语阅读能力和日常听力能力等。而这些能力都源自生活，对于提高学生自身的英语应用能力以及实践水平具有重要的意义。除此之外，将项目式学习引入高校公共英语教学过程当中，能够强化学生的英语基础技能（即听、说、读、写），并帮助学生解决一些英语学习中遇到的问题，在增加学生英语学习兴趣的同时，培养学生的英语核心素养。比如，在英语期刊阅读的教学环节中，项目式学习能够让学生主动加入项目实践环节中，通过查阅资料拓展西方文化视野，而且还可以使学生主动发现及解决语义和语法问题，以此提升学生的英语语言基本技能。相较于传统的填鸭式教学，这种自主实践性的学习所取得的效果更明显，学生的语言基本功更扎实。

第四章　高校公共英语听说课与读写课教学的改革

本章分为高校公共英语听说读写课程教学的现状和高校公共英语听说读写课程教学的改革策略两部分，主要包括高校公共英语听力课程教学的现状、高校公共英语口语课程教学的现状、高校公共英语阅读课程教学的现状、高校公共英语写作课程教学的现状、高校公共英语听力课程教学的改革策略、高校公共英语口语课程教学的改革策略等内容。

第一节　高校公共英语听说读写课程教学的现状

一、高校公共英语听力课程教学的现状

（一）学生方面

1. 英语功底薄弱

高校部分学生在听说能力上存在多重障碍和困难，如语法基础薄弱、口语表达方式积累不足、词汇量有限等。此外，在其有限的词汇量中，实际的听力词汇量又大打折扣。究其原因，多数学生在日常的英语学习中往往容易忽视语音的学习和练习，只将重点放在词汇拼写、意义理解和用法上，经常忽略了听力词汇的听记能力训练。

因此，学生理解对话文本完整信息的能力较低，大脑接收、加工和处理听力符号传递信息的能力有限，借助听力过程获取的认知符号无法构建宏观、完整的语境，或某些环节出现理解错误，导致练习失分严重。提升学生的基本功并不是一蹴而就的事情，需要循序渐进地进行科学、合理的学习和练习。

高校公共英语的课堂教学改革研究

2. 文化背景知识匮乏

由于缺乏对异域相关文化背景的了解和口语表达方式的积累，学生无法结合语境实现准确理解。此外，不仅学生群体的知识储备不足，由于时间和精力等方面的原因，部分英语教师自身的跨文化知识和口语常识也略显不足，所以向学生传授的内容也有限。而面对海量的文化背景知识和不断涌现的新的口语表达方式，只靠"线下"课堂的教学无法面面俱到。一种较为可行的途径是让学生利用课下时间和智能化学习工具，在观看视频的过程中进行总结提炼，掌握必要的知识点，并加以充分练习，将个人无法理解或解决的问题带到课堂上由教师统一授课解决，这也不失为一种高效的学习方式。

（二）教师方面

1. 观念需要创新

部分高校教师仍在以传统观念主导进行教学，没有充分意识到以生为本的重要性，在高校公共英语听力教学实践中没有充分采用新的教学手段。这导致不少学生只能被动地跟随教师进行学习，难以有效激发学生的学习主动性，也很难构建起以生为本的教学模式，相应的英语听力教学效果也有待提升。

2. 教学实践无法完全实现教学信念

教学实践就是教学方式、方法的具体实施。教学实践需要以教学信念作为前提，教学信念就像领导引领工人一步步进行工作。但是，再完美的领导也只能为工人粗略指明方向，无法为工人规划一切。因为即便规划了一切，也不可能完全按照规划。有句话说得好：计划大于变化。教学实践也是一样的道理，教师无法完全实现教学信念包含的所有原则。然而，在真正的教学实践中，往往因为学生在听力方面的弱势导致无法完全实现教师既定的标准，导致高校公共英语教师的听力教学信念与教学实践的效果出现不符，这种差别在短期内是无法进行弥补和改变的。所以，大学教师要认识到这一点，不要太较真、太完美化，也不要因为学生进步微弱而对学生失望，接受教学实践无法完全实现教学信念这一事实。

（三）高校方面

1. 英语课时受限

高校公共英语的课程体系设置侧重于专业知识的传授和专业技能的培养，对于学生的英语能力训练的重视度不够,而且无法为学生的英语学习创造必要的、系统的学习环境。由于缺乏外语交流的锻炼机会,学生的听力、口语能力提升受限。高校专业人才培养方案中对英语总课时数的限制使教师在课堂上能够传授和训练的内容有限。几十人甚至上百人的大班班型课堂上,教师无法针对学生的个体能力、学习动机和兴趣差异展开个性化的分级教学,且"线下"实体课堂时间有限,各学校又在普遍缩减整体课时量,导致教师无法针对学生的不同基础、水平甚至个人需求进行授课或展开练习。此外,英语听力课程的专业指向性不明显,也是传统教学中存在的一大弊端,即仍以基础英语或通用英语的内容为主,听力素材中新闻、文化类的大众性材料居多,忽视了结合学生专业进行有较强针对性的职业语境中的听力训练。

2. 教学评价存在不足

教学评价在公共英语听力教学中的重要性毋庸置疑,其不但能够反映实际教学情况以及学生在学习中的表现情况,而且还能针对教学中存在的不足提供相应的改善依据和支持,促进听力教学水平提升以及学生英语听力应用能力的发展。然而,目前部分高校公共英语听力教学评价仍存在一定的不足,没有充分考虑学校的实际情况,对学生的学习意愿、需要、表现等的关注还不是十分充分,同时在评价模式上也存在较为明显的主观性,难以充分发挥教学评价的作用和价值。

3. 教学实践落实不到位

高校公共英语听力教学一定要落实到实践上,才能切实推动学生听力水平的有效提升。然而部分高校在英语听力教学方面缺乏良好的实践意识,不注重教学过程中的实践性和应用性,往往从理论出发引导学生进行机械化的课内训练,没有给学生提供丰富多样的实践机会。尤其是针对学生专业层面的英语听力实践较少,没有针对学生的实际情况合理优化实践方案和策略,导致学生英语听力水平乃至英语应用能力很难得到有效提升。

4. 传统授课模式的弊端

高校公共英语听力教学仍以传统的授课模式为主体,表现在:①授课形式上,教师反复播放视频或音频,之后带领学生核对答案,串讲文本,学生机械式地被动练习和接受知识,输出不足;②授课内容仍以纸质教材为主,给学生输入的重点是词汇和语法等传统的阅读层面的理论知识,听力文本翻译占据了大量课堂时间,缺乏必要的语音辅导、科学的听力技能指导和充分的练习训练。

5. 信息技术应用水平低

进入新时代，信息技术已然成为现代教育中应用极为广泛的重要技术，其对于教育的创新进步、改善优化有着重要意义。部分高校信息化程度不高，信息技术应用水平偏低，在信息技术与英语听力教学的融合方面更缺乏有效探索，不能充分利用信息技术为以生为本理论的应用提供有力支持。

6. 教学模式需多样化发展

多模态、多样化的教学模式能够满足不同师生的实际需求，也能适应不同的教学情况，进而保障教学实效。但是，部分高校的公共英语听力教学模式还不够丰富多样，基本上都是采取口头讲解、机械化训练的方式开展教学活动。这不但难以充分激发学生的兴趣与积极性，而且也不能根据实际教学需要进行合理调整与优化，相应的教学效果很难达到预期，自然也无法有效践行以生为本的理论。

7. 教学资源和内容有待改进

在高校公共英语听力教学中应用以生为本理论，需要大量、丰富、生动的教学资源和内容作为基础支撑。然而不少高校在开展英语听力教学活动时，都是以教材作为主要资源和内容，缺乏多样化的资源获取途径，同时教学内容也较为枯燥乏味。不同学生的实际情况有所差别，他们对教学资源和内容的需求自然也存在不同，较为枯燥的课程资源必然会限制以生为本理论在实践中的应用效果，不利于高校公共英语听力教学的有效改善。

二、高校公共英语口语课程教学的现状

（一）学生方面

1. 学生英语基础薄弱

近年来，高校生源与以往相比呈现复杂特征。一些学生的英语基础相对薄弱且缺乏探究知识与持续学习的欲望，以致部分学生在入学前便对口语等英语语言学习产生畏惧和抵抗情绪。但当前社会对英语人才的培养提出了更高的要求，因此英语口语教学成为高等教育的重要目标之一。

2. 学生缺乏学习动力

步入大学，英语带给非英语专业学生的挑战有两种，一是期末考核，二是大学英语四、六级考试。而这两种形式的考试中口语都不是必考科目，甚至四、六

级考试规定了学生可以自愿选择参加口语考试。在此背景下，大多数学生放松了对自己的要求，抱着"无所谓"和"功利"的心态对待英语口语，在口语课堂上扮演"低头族"，缺乏学习热情。更有很多非英语专业的学生只专注专业知识的学习，没有意识到掌握英语能够为他们毕业后的职业发展带来的正向作用。这种消极的学习心态使得学生在英语口语课堂中经常出现"低配合"现象，造成教师的主动互动得不到回应。此外，大部分非英语专业的学生没有接受过专业的口语训练，很多学生对自己的英语发音不自信，羞于开口说英语。在这种情况下，口语课堂上再丰富精彩的教学策略也只会变成纸上谈兵，教学质量大打折扣，学生的英语口语能力也得不到任何提升。

（二）教师方面

1. 过于重视精准语言表达

一些高校教师在英语口语教学中过于重视精准语言表达，并要求学生背诵固定的句型、词汇，这种方式并不能使学生的口语交际能力充分提高，长此以往，容易使学生对英语口语练习产生厌烦心理。

语言源于人与人之间的沟通，多方思想有效表达传输，具有一定的灵活性。换句话说，只要将语言中的主要思想成功传达，语言形式精准程度并不重要。教师在口语训练时多次批评学生的词汇错误，很可能使学生产生抗拒心理，不利于学生在口语练习中树立自信心，继而影响学生的口语交际能力发展，对学生的学习成长造成不良影响。

2. 教学方式较为单一

教学活动的开展方式直接影响着教学效果的呈现。目前，高校公共英语教学中常见的教学形式为教师按部就班地讲解教材中的语法和词汇等知识内容。这种教学方式无法使学生有效应用所学知识，更无法提升学生的口语表达能力，长此以往，将逐渐削弱学生的学习兴趣，降低英语教学效率，在一定程度上违背了现代教育强调的发挥学生主体作用的要求。

此外，很多大学生在语用输出时因不了解文化背景知识而缺乏准确性与自信心。高校公共英语教学的培养目标之一即提高学生的跨文化交际能力，要求学生了解不同思维方式、文化习俗、生活方式以及非语言交际信息等。因此，学生需掌握相关的文化知识，增强文化意识与敏感性，真正提高自身的跨文化交际能力。

（三）高校方面

1. 教学模式单一固定

虽然很多高校已经逐渐完成教学方法的优化改革，但部分高校仍旧使用传统的方式对学生进行教育，英语口语教学相对保守固定，对公共英语教学中口语交际不够重视，并没有充分认识到教育发展趋势。同时，一些教师没有正确认识到英语实践的重要性，在英语教学中主观意愿强烈，想法过于局限，将英语教材和学生交流置于同等地位，让学生对教材内容段落进行朗读练习，认为通过这种方式能够提升学生的交际能力。长此以往，学生同样会形成僵化的英语口语思维，不利于学生交际能力的培养，给学生全面发展带来巨大的阻碍。

2. 考试系统有待完善

目前，很多高校在开展公共英语实际教学过程中并没有配备全面的考试系统，只通过课堂练习并不能帮助学生有效提升英语交际能力。学生个人素质存在差异，知识掌握程度也不尽相同，完善的考试系统能够使教师对学生的学习程度了解加深，对学生的督促加强，同时提升学生之间竞争的主动性。通过完善的考试系统，学生可以更加清晰地得知自身的学习情况，并对薄弱部分加强学习，巩固已经学会的知识点。虽然考试系统具有多种优势，但各个高校的发展存在较大差异，由于不同因素的影响使得很多高校很难将这种考试系统确切落实。

3. 受语言文化的影响

从语言文化角度思考，中国同很多使用英语的国家文化差异过大，在语言实际表达中存在巨大差别，给我国各大高校学生英语交际能力的培养带来阻碍。良好的语言环境对学生的语言学习有积极的帮助，但由于地域的局限性，在汉语语言环境中学习英文很可能对学生口语发音标准性造成影响。另外，不同国家语言表达习惯有所不同，只将中国的思维通过英语口语进行表述并不能使英语交际能力得到有效提升，给英语传播交流带来阻碍。

4. 教学内容缺乏整体性

纵观高校公共英语口语教学，常见的教学现状为教师围绕英语教材选取某个话题让学生以小组形式讨论交流，并补充与话题相关的词汇与句型。受课堂时间与教学内容限制，学生很少有机会——阐述话题，课堂通常以教师表达传授为主。与此同时，口语教学内容缺乏主线，英语教师往往并未基于整体角度对学生的语用输出能力培养进行规划。学生虽然在课堂上掌握了大量知识,然而却鲜少将其应用于实践,不敢开口表达。

三、高校公共英语阅读课程教学的现状

(一)学生方面

1. 词汇匮乏

目前大学生英语的平均词汇量要求是 3500～4500 个。词汇的学习需要注重数量与质量,即学生在学习词汇时需要了解其字面含义,也需要通过语义理解词语在语境中的含义。事实上,学生在英语单词记忆中多注重汉语意思的理解,无法有效进行语言环境中词语含义的灵活运用。而词语理解得不细致,往往会导致学生无法有效进行语法结构的梳理,无法掌握英语阅读文章的含义。

2. 缺乏阅读技巧

大学生在进行英语阅读过程中难免会存在阅读速度较慢的问题。首先,由于学生存在盲目性阅读,无法依据材料问题进行文章的精读与略读,导致其阅读效率低下;其次,学生在阅读过程中往往只注重逐个单词的理解,缺乏对于文章词组、意群的分析,进而导致阅读速度慢的情况;最后,学生因担心理解错误,会出现一个句子重复阅读的情况,进而导致无法科学有效地把握段落以及语篇的含义。

3. 缺乏阅读兴趣

我国部分大学生的英语基础薄弱,其在英语学习过程中往往会因成绩的落差而丧失信心。不仅如此,大学生在英语阅读时存在意志不坚定,无法充分调动自身的眼、脑、口、手的情况,进而导致阅读时半途而废。

(二)教师方面

1. 英语教学观念滞后

(1)缺乏对文化渗透的重视

大部分大学英语教师认为文化渗透在英语语言知识和技能传授中拥有举足轻重的作用,可以帮助学生从文化背景、文化理念等角度出发,切实提升学生的语言表达能力、语言应用能力及信息处理能力。然而,有些教师却没有将文化渗透进阅读教学实践中。虽然部分教师能够积极地将文化渗透嵌入阅读教学的不同环节中,然而文化渗透的深度、广度、频率却相对有限。简而言之,缺乏对文化渗透的重视导致文化渗透难以充分、有效、完整地与语言教学相融合。

（2）缺乏对英语人才培养的正确认识

我国学者结合大学英语教学大纲、标准指出，英语人才应是能够熟练应用英语语言进行交流，可以破解各类语言方面的问题，促进我国各项文化传播、经济发展、政治交流的应用型人才。然而部分英语教师却忽视了英语学科的工具属性，缺乏对学生发展的关照，导致文化渗透的质量较低。

2. 文化导入方法不足

首先，文化导入方法单一，主要以理论传授为主。一些大学英语教师在阅读教学的过程中缺乏系统科学的讲授方法，缺乏对文化差异的对比，并且文化渗透方法主要以理论讲解为主。这在某种程度上导致"文化渗透"变为"文化灌输"，学生理解及深化西方文化变为背诵及记忆西方文化，从而造成学生丧失对文化学习的积极性，导致文化渗透的成效不高。

其次，缺乏对现代信息技术的灵活应用。计算机信息技术的兴起与普及改变了人们的生活方式和思想理念，使社会呈现出创新发展的趋势。大学生由于成长于信息时代，对信息化技术存在明显的依赖感。因此，教师加强对信息技术的应用，能够更好地契合学生的认知特点，提升英语教学质量。但部分大学英语教师在文化渗透的过程中忽视了对信息技术的充分应用，导致文化渗透过程缺乏生动性、多元性、新颖性及趣味性。

最后，缺乏文化活动。开展与文化学习相关的活动可以丰富英语第二课堂的内容和内涵，提高学生参与英语学习的积极性。然而由于受传统教学观念的影响，部分教师很少或从来没有开展过文化学习活动。并且，部分教师在文化活动开展的过程中存在方法单一、形式刻板的问题，很难通过文化活动帮助学生理解和认识英语阅读教学中的文化思想、文化理念。

3. 英语教师能力有限

（1）教材挖掘能力有限

一些大学英语教师对文化渗透与文化意识的理解还不够深刻，致使英语阅读教学中的文化渗透环节缺失，并且教师对教材中所蕴含的文化元素的挖掘不够充分，文化渗透存在诸多不全面的问题。这种不全面主要表现为教师难以明确文化渗透的内涵，无法确定英语文化知识与英语语言教学的联系，难以确定英语国家历史文化、民族文化、民俗文化对英语语言所带来的影响，从而在文化渗透或文化资源挖掘中局限于历史文化背景上，缺乏对经济、社会、科学等多方面文化内容的阐述。

(2) 文化知识匮乏，文化意识薄弱

文化知识是大学英语教师挖掘英语文化元素、加大文化渗透力度的前提和保障。然而根据相关调查，一些大学英语教师的文化知识相对不足，对西方文化知识了解甚少。虽然有部分英语教师能够充分了解和积累西方文化知识，然而在跨文化交际中却存在中华传统文化知识不足的问题。此外，我国既了解西方文化又熟悉中国文化的大学英语教师相对较少，这在某种程度上影响了高校公共英语阅读教学中文化渗透的效率。

(3) 实践能力缺乏

大学英语教师较为缺乏跨文化交际能力和经验，难以通过经验总结的方式帮助学生了解、掌握西方文化，理解英语语言的内涵。

四、高校公共英语写作课程教学的现状

(一) 学生方面

1. 学生主动性不高

在传统的英语写作课堂中，学生主要结合教师所提供的话题开展课下写作练习，这些话题一般学术性较强，与学生的实际生活距离较远，再加上缺少实际情境，学生学习兴趣不高。长此以往，学生的写作主动性受到影响，有的学生甚至出现厌倦英语写作的情况。

2. 学生存在不良写作心理

(1) 中式英语思维心理

思维心理是语言学习的条件和结果，作为两种不同的语言，英语母语者和汉语母语者的思维心理是有很大差异的。因为国内高校的学生长期生活在汉语环境中，用英语进行表达的时候潜意识上总会受到汉语文化背景的影响，而这种汉语迁移带来的制约影响是远大于正面影响的。有学者认为，学习者汉语参与的程度直接影响着英语输出的结果，尤其是认知处理作为汉语参与的高级形式，它促使学生首先使用汉语来整理思维和逻辑，其次再用英语表述出来。因此，对于英语学习还处于薄弱阶段的大部分高校学生而言，他们在英语输出的过程中会更倾向于用一种介于英语和汉语之间的"中介语"来表达相应的概念，由此便产生了我们通常所说的"中式英语"。

因为英汉句式结构的不同，我国学生在英语习作的时候就容易受到相应的束缚，写出来的英语句式也不地道纯粹。比如，在主语和谓语的语法关系上，两种

语言的侧重点就不同，英语的句子是很讲究形式严谨的，在结构上很注重动作实施者和动作承受者的展现，所以一般来说一个完整的英语陈述句是有主语和谓语的；而汉语则强调主题的突出，句子中动作的发出者并没有处在很关键的位置，以"下雨了"为例，在汉语的表达上这个句子是没有主语的，然而将它翻译成英语则是"It's raining."，It 在这里作为整个句子的形式主语使结构更加完整。再比如拿人称和物称的主被动处理关系来说，英语的物称句是许多学生写作困难的一大症结。

由于汉语表达比较追求音律美和形式对仗，汉语写作者通常会使用重复的词汇去加强和渲染情绪，而英美人在表达上更加追求逻辑清晰、语言精简，相同语义词汇的重复使用对他们来说是思维迟钝的一种表现，比如"观点和意见"，英美人是不会说"views and suggestions"的，还有"目标和理想"也不会表达为"goal and dream"。然而国内的学生常常会把这种汉语用语习惯带入英语的习作中，尤其是一部分高校学生因为词汇量不够去硬凑词数，这种烦冗的写作方式在很大程度上影响了行文的流畅紧凑。

（2）文化抵触心理

英语写作不仅仅包括心理认知活动和思维创作活动，还是学生自身的文化背景与外来文化进行交际互动的过程。然而，在英语文化与学生原有的经验相遇的过程中会产生各种排斥和抵触的情况，这主要归结于教师和学生双方的问题。

大部分教师采取的都是单向的灌输式教学，虽然部分教师在教学过程中加入了文化教学的元素，然而还是停留在将静态的历史文化、风俗人情、价值观念等语言文化事实作为文化教学的主要手段，忽略了文化不断发展的特性。同时，在写作教学的过程中教师也只是单一地进行语言文化知识输入，并没有引导学生如何对两种不同的文化进行对比反思，一味地教授学生在遣词造句上怎样更接近英语母语使用者的程度，如此反倒容易引起学生对英语文化的反感和排斥。

学生作为语言及其文化的学习主体，其自身对文化的理解层次也影响着学习效果。他们中一部分人对英美语言文化的理解仍停留在"不出国英语就无用"的表面上，忽略了英语作为通用语是连接世界、拓宽视野的必备工具。因此，很多高校学生在英语学习上就无法摆正心态投入其中，更无法用英语思维组织写作内容，从而影响了写作的进程和质量，这在很大程度上打击了学生学习语言的自信和兴致，导致他们对英语文化产生抵触心理。

（二）教师方面

1. 教学模式滞后

现如今，在高校公共英语写作课堂上，有些教师采用的仍是传统的教学模式。教师在课上结合不同的作文体裁，讲解结构、语法、句型等知识，并提供范文让学生模仿写作，在课后布置相关的英语写作作业，这导致学生的课堂参与度不高。由于国内大部分高校的英语写作课堂学生人数较多，小组互动的开展难度增加，学生的语言输出量不够，学习积极性不高。与学生的"说"相比，传统的课堂模式更倾向于教师的"教"。

2. 教学培养定位不清

根据《大学英语教学指南》的要求，英语写作应该以"增强学生运用英语开展交流"和"提升学生英语素养"为目的。所以，高校公共英语写作课程要将"英语交际能力的培养"作为本质目标。但在具体的课堂活动中，部分教师过于重视学生语言形式上的对错，造成学生在语言表达正确性方面投入大量精力，而忽略了写作内容上的交际性、思想性，限制了学生英语综合素养的提高。

3. 教学时间不够

英语课程教学受到课堂时间限制，提高写作教学的课堂效率难度大，英语写作在短时间内难以获得理想的效果。由于课堂的时间有限，而写作教学的内容比较多，通常情况下，写作教学流程包括写作前准备、初稿写作、修改等，各个环节所需的时间较长，一堂课下来，时间往往不够用。在这一状况下，英语写作教学中教师更多地采用蜻蜓点水式教学，无法深入展开，加上学生写作基础比较薄弱，使得整体写作效果不佳。

4. 教学方法不当

提高学生英语写作质量需要教师采用创新的教学方法。现今，部分教师在英语写作教学当中采用的主要是传统的教学方式，按照听讲、仿写、教师批改、学生修改的流程，教师对学生写作的最终结果比较重视，而忽略了学生写作过程中遇到的问题，没有及时反馈问题，造成学生写作质量低下。

5. 反馈形式单一

当前，学生的习作测评大多以教师评阅为主，部分教师在评改语法、文章结构上下了很大功夫，而忽略了对学生情感表达的评阅，这脱离了预期的教学目的。

学生所得到的反馈不过是教师批改的分数及指出的语法错误。另外，有些高校教师采用"同伴互评"的方式，虽然相较于传统的教师评阅，同伴互评这一方式更有助于学生的反思，但由于学生人数较多，在有限的时间内，教师很难对每个学生存在的写作问题进行一一讲解，因此不利于英语写作课堂教学实效的提高。

第二节 高校公共英语听说读写课程教学的改革策略

一、高校公共英语听力课程教学的改革策略

（一）灌输正确的学习理念

首先，需要教给学生一个正确的学习理念。万丈高楼平地起，听力水平的提高是一个循序渐进的过程，英语能力的获得是一个漫长的积累过程，在短时间内强化突击去学英语的态度是不切实际的，这样也许可以应付考试，但是无法真正地提高英语实际应用能力。与此同时，学生也应该认识到英语听力的习得并非一件遥不可及的事情。语言水平的提高实际上是一个螺旋上升的过程，在整个英语学习的长河中，学生往往难以认识到自己所处的位置，看不到自己的进步，难免有畏惧的情绪。有效的听力输入应该是以大量的可理解输入为基础的，如果输入的听力语料难度过大，学生会对自己是否有进步产生怀疑。学习者接触的语言应该略微高于他们的现有水平，这样他们既可以理解其中的大部分内容，又可以面对一定的挑战，从而争取更大的进步。

其次，需要让学生了解英语学习需采用"归纳法"而不是"演绎法"。大学生经常会采取背单词表、背字典、做真题等方法来学习英语。有的同学一天能背上百个单词，这些方法看似高效，实则无效。背单词是典型的"演绎法"，此方法的逻辑是背了一个单词，知道了它的中文意思，然后就以为是掌握了这个单词。单词在语言中不是孤立存在的，它有搭配、有语境，就像是一棵树，单词是树干，它的搭配就是树枝、树叶，语境就是树根。单词需要通过大量真实语境的篇章阅读来学习，应该通过大量的阅读，利用"归纳法"来掌握单词，通过反复接触体验一个单词在不同语境中的用法对这个单词进行不断的归纳总结，最终达到真正掌握的目的。

（二）增强学生的学习兴趣

在听力理解过程中，当学生对于所给听力材料理解产生困难的时候，往往会不自觉地调出一个内部翻译机制并深陷其中，试图对所听到的每一个具体的单词进行翻译解码并再加工，进而理解所听到的内容，这无疑是听力理解失败的开始。有些学生认为是由于自己翻译得不够快，导致不能很好地理解听力材料，因此，引导学生走出这种思维误区是极其重要的。学生在做听力理解时经常处于被动或紧张的状态，极易形成越紧张就越听不懂的恶性循环，这也有碍于听力理解的顺利进行。

针对上述问题，教师需要选取难易适中、多样有趣的材料以调动学生的学习兴趣，使学生端正学习态度、积极主动接受信息，从而进行高效学习。听力理解具有不可预测性和不可回溯性的特点，学生在听力理解中害怕自己听不懂，往往会感到紧张，容易产生焦虑情绪。教师应该重视优化学生的心理环境，充分合理地运用情感策略帮助学生过滤掉消极情绪，运用灵活多变的视听方法及手段，创设多种轻松、和谐的情境，从而激发学生听的兴趣和学习动机。学校可以积极开展多样化的教学活动，学生以积极乐观的心态面对听力技巧及能力不足的现状，以充分的自信心参与听力能力培养训练的课内外实践活动。语言输入理论强调学生听力输入环境应处于可理解的状态中。所以学校应定期、有针对性地开展竞赛活动，并将其引入课堂，有效地帮助教师引导学生理解课堂内容，达到听力输入的"可理解性"。学生在参与竞赛活动过程中也增强了自信心与成就感，从而激发浓厚的学习兴趣。

（三）创造英语学习环境

听力的问题只能通过"听"的途径来解决，通过"看"即阅读的方式是永远不可能解决听力问题的，不下到水里就不能学会游泳，不听只看就不能听懂语言。因此，听力教学需要用英语组织教学，给学生创造一个英语语言环境。多年来，不少教师一直采用传统的语法翻译教学法进行教学，尽管他们了解在英语环境下进行英语教学有益于学生英语应用能力的提高，但是仍然首选用汉语进行英语教学。教师创造英语语言环境是培养学生英语听力理解能力及提高英语课堂教学效率的必要条件。就像学开车必须坐到车上、学游泳必须下到水里一样，学生提高听力能力也必须置身于英语语言环境中，大量的英语输入是培养学生获得英语听力能力的必要条件之一。鉴于学生薄弱的英语听力基础，教师在用英语授课时要控制生词量并注意控制语速。另外，可以通过释义的方法帮助学生理解，让学生逐渐熟悉并习惯英语的发音，形成"音"和"义"的条件反射，从而提高学生的听力水平。

（四）掌握正确的听力技巧

1. 边听边记

学生可以采取边听边记的学习方式。有声语言的短暂性以及人类大脑短期记忆缓冲区容量的有限性决定了听力理解对声音之外其他媒介的依赖性。在日常教学中发现，有时候学生虽然可以大致听懂所给听力材料，但是却记不住。在播放听力材料过程中，学生能跟着录音将部分重要信息读出来，但当录音播放到后半段时，会出现前听后忘的现象。因此需要重点训练学生的记笔记能力，要求学生边听录音边记录听力材料中有关事件发生的时间、地点、人物、缘由、结局等主要信息，并进行概括、分析，以便准确理解听力材料内容。

2. 主动推测

主动推测即借助语言理解中"自上而下"的意义阐释过程，这是指学生依靠非语言的背景知识即记忆系统存储在大脑中的关于周围世界的常识来帮助判断和预测说话者的言说内容的过程。听者利用所听到的声音作为线索，运用自己已有的各种相关背景知识和认知策略，积极地进行预测、推理、总结、概括等活动，对语言输入做出理解。话语中常常暗含着说话者的真实意图，学生需要具备根据句义及话题相关的背景知识进行推测判断的能力。培养听力技能，对学生进行单项和整体的有针对性的听力训练，让学生运用听觉感觉语言信息，在音素、词、句子层次上依次对听力材料进行听辨和理解，及时整合零碎信息，并通过运用非语言的背景知识从篇章层次上对听力材料进行推测理解，从而把握语篇的重点和大意，熟悉听力材料，区分主要信息和次要信息，去除冗余信息，抓住关键词，从而有效地提高听力水平。

3. 坚持不懈

听力水平的提高是一个长期的循序渐进的过程，也是一个逆水行舟、不进则退的过程。学生需要坚持听力训练，每天必须保证一定时间的听力训练。根据学生的实际情况，每天的听力训练时间不宜过长，以半小时为宜，而且听力训练过程中必须保证全神贯注。坚持精听和泛听训练相结合，可以根据听力材料的特点和难易程度在同一语篇中将精听和泛听相结合，即选择一小部分内容作为精听对象，其余部分均采用泛听的策略。除此之外，还可以在不同的语篇上将精听和泛听相结合交替训练，如可以精听教材上的听力材料，另外可以泛听一些与教材配套的或同类话题的英文材料。精听的材料需反复听，务必做到每字每句完全听懂，而泛听的材料则可以只掌握主题大意，理解宏观方面的问题以及自己感兴趣的内容。通过精听和泛听相结合交替练习来从听觉途径强化语音，增加英语信息的输入量，牢固夯实听力技能，拓展英语知识背景，稳步提高学生的听力理解能力。

（五）构建校本英语课程资源库

要保障基于以生为本理论的英语听力教学有效开展和落实，需要准备丰富的课程资源。学校应当根据实际情况，积极构建校本英语课程资源库，为广大师生在教学资源和内容使用方面提供支持，让教学内容的整合与利用能够真正做到以生为本。以教材内容为基础，以学校实际情况为重要参考，加强信息基础建设，着重建设学校官网与数字图书馆，打造相应的数据库，综合大量不同类型的优质资源。在建设校本英语课程资源库时需要兼顾内容与类型。从内容层面看，应当基于教学内容进行全面延伸和拓展，在构建内容体系的同时侧重于适合学生英语发展需要、专业发展需求的内容；从类型层面看，英语课程资源库的建设需要包含不同类型的资源，除了最基本的文字、图片、音频、视频外，还应当广泛包含课件、微课、慕课等，从而满足不同的教学需要。民办高校需要积极与其他高校以及合作企业进行深度沟通，深化互助与共享，共同对课程资源的开发与利用进行研究与探索。

高校与高校之间应当建设专业化的共享平台，在保留高校本身特色的前提下，对基础内容进行大量共享，并安排教师进行研讨探索，共同构建起完善的课程资源体系。高校与合作企业之间需要共同围绕育人目标对英语课程资源进行适当创新补充和完善，尤其要围绕理论与实践两大层面进行横向整合，充分发挥高校与企业各自的特性与优势，构建更具专业性、实践性的英语课程资源，进而支持高校公共英语听力教学活动的开展和落实。

（六）构建和应用翻转课堂

翻转课堂是以生为本理论的重要应用方式，其强调的便是对课堂内外、师生关系等进行翻转，鼓励学生充分利用课外碎片化时间进行自主学习和探究，而教师则主要发挥指导、点拨、帮助、管理等作用。在信息化背景下，高校应当积极探索科学可行的翻转课堂教学模式。英语教师更要在听力教学中大量进行课堂的

高校公共英语的课堂教学改革研究

有效翻转。教师需要对翻转课堂的概念、内涵、特征、要求、构建方法等进行综合研究，同时积极更新教育观念，尝试将整个教学活动划分为课前、课中与课后三部分，并借助微课、慕课、课件、教学软件、微信等引导学生共同构建翻转课堂。在课前阶段，向学生分享提前准备好的微课、慕课、课件等资源，并通过教学平台设置相应的学习任务与问题。学生则需要利用教师分享的资源以及教材进行自主学习与探究，完成相应的任务，解决对应的问题。如果在自主学习过程中遇到困难和障碍，学生应当及时通过教学平台或者微信向教师求助，或者留下具体的问题，以便教师及时进行在线解答，或者搜集问题为后续教学的调整与优化提供依据。在课中阶段，教师需要真正做到以学生为中心，组织学生进行讨论、探究、思考、合作，一改之前传统课堂的说教式教学模式；基于课前预习情况，引导学生充分利用课堂时间进行高效学习，在课堂上着重解决课前预习阶段所遗留下的各种问题，并对重难点内容进行探索；组织学生进行听说实践，形成完全契合听力教学需要的高质量课堂。而在课后阶段，教师则需要根据学生在课堂上的表现，有针对性地提供课后复习与拓展指导方案。面向不同学生，分享不尽相同的指导策略以及微课资源等，同时鼓励学生利用现有的互联网平台等进行线上听说实践，大幅增强教学的针对性、有效性，让每位学生都能在适合自身的听力学习中有所收获。

（七）优化教学评价机制

一方面，着重围绕学生的学习成长发展情况调整评价目标、内容、标准、方法等，是凸显以生为本内核的关键所在；另一方面，全面优化并保障教学评价结果的科学性、真实性与可靠性，能够最大限度地发挥评价的作用，为后续教学优化与改善提供支持，进一步践行以生为本理论，引导学生在长期学习中不断改进和成长。在全新教育背景下，英语听力教学评价目标不能再简单局限于听力水平上，而是要全面关注学生的英语素养乃至综合素养，构建以英语听力水平为核心，以其他相关素养为辅助的评价目标体系。合理调整评价机制，更加关注整个教学全过程各阶段、各方面的综合评价，对学生的综合表现进行全面、客观的考核分析，进而准确把握学生的学习状况、英语听力发展情况以及综合素养发展情况。改善教学评价方式，引入学生自评、学生互评等重要机制，充分利用信息技术提高评价效率与准确性，真正做到根据学生个体情况进行有效评价。对学生在英语听力学习过程中的表现进行长期、持续、动态化的分析，并有针对性地采取相应优化措施，为听力教学效果改善提供多方面的支持。

（八）充分发挥教师的中介作用

人类学习任何一种语言都先从"听"开始。因此，提升学生的英语听力水平就是打好英语学习的基础。在具体的教学环节中，教师应当革新教育理念，创新教学方法，充分发挥自身的中介作用，提升学生的英语听力水平。

1. 在音标教学环节积极引导

在英语听力能力的训练中，最基础的是英语单词的发音。会读才能听，因此，单词教学是顺利开展听力教学、夯实学生基础的垫脚石。详细来说，为了让学生扎实学好英语单词，教师可以从音标教学入手。音标的学习能够让学生掌握正确的发音，初步培养学生的英语听力能力。英语教师要积极反思自身的教学方式，改进自身的缺点，在听力教学中发挥中介作用。

首先，教师在音标教学中可以采用多样化的教学形式，提高课堂趣味性，高效地激发学生学习音标的积极性。例如，在课堂上，教师可以加入一些朗朗上口的口诀，帮助学生记忆音标的发音。同时，教师还可以在音标学习的环节中加入一些趣味性较强的游戏，帮助学生在游戏中掌握音标的正确发音，有效加深记忆。其次，教师还可以借助多媒体辅助教学。在现代化科学技术的辅助下，英语教师可以借助视频、音频及图片等手段，以形象化的方式展示抽象的音标，让学生能化抽象为具象，高效记忆音标。例如，教师可以通过视频详细地展示每一个音标发音时的口腔形状、舌头位置和气流方向等，让学生能直观地学习音标的发音。最后，在教学新单词时，教师要积极引导学生在音标学习的基础上拼读新单词，从而巩固英语单词发音方法。

2. 教授学生合理的听力步骤

英语教师应发挥教师在教学中的中介作用，教授学生合理的听力步骤，提高学生的听力能力。在高校公共英语听力教学实践中，教师要根据教学目标和学生的认知水平合理安排听力教学的每个步骤。同时，要根据不同的教学目标开展合适的听力教学，使学生的听力学习取得事半功倍的效果。

"听前"的预热是听力活动的铺垫，在整个听力教学中非常重要。在这个阶段，英语教师要预先让学生了解听力材料所涉及的背景知识和生词短语，降低学生"听前"的紧张感，并激发学生的学习兴趣。"听前"预热打好基础后，就进入"听中"环节。在这个教学环节中，教师可以让学生反复听同一篇听力材料，并且在每一遍听力练习前，给学生设置不同的任务和目标，循序渐进地锻炼学生的听力能力。同时，英语教师还要注意，每一遍的听力目标和任务要遵循从易到难、逐步深入的规律，让学生慢慢掌握整篇听力材料的内容。此外，英语教师还要注意在设置听力次数时要考虑听力材料和任务目标的难度。例如，当听力材料中出现多个学生不熟悉的英语句型或比较难理解的特殊内容时，教师应该适量增加听力材料的播放次数。在听力练习结束后，就到了"听后"环节。在这个环节中，教师要积极引导学生巩固语篇内容，尤其是其中涉及的语言知识点，以此来拓展学生的英语知识，提高学生的英语语言应用能力。例如，教师可以帮助学生在语篇内容上做拓展训练，让学生分小组复述语篇的观点，总结并发表自己的见解等。

3. 注重真音试听，形成语感

"实践出真知"，听力训练是一个需要实践体验的能力训练。一方面，真音试听能使学生获得更为真实的语言学习环境，使学生语言文化知识的积累更为充裕；另一方面，真音试听让学生在试听的过程中，形成敏锐的语言感知能力，提高学生的语言信息处理能力和运用能力。因此，要培养学生的英语听力能力，教师应该积极利用现代信息技术，为学生创设较为真实的课堂情境，给学生身临其境的浸润感，提高学生的语言感知能力。

例如，教师可以以听力材料的主题为基础，收集相关的录音材料，让学生反复聆听，并引导学生模仿材料中的语音和语调。教师可以与学生一同分析同一句话在不同的语调、不同的场景中所表达的意思有何不同，为学生积累认知素材。在完成听力教学后，教师可以给学生布置家庭听力作业，让学生观看一些与材料相关的原声电影，感受原声英语对话的细节，让学生在真实的语言表达情境中形成认知感悟。在学生学习英语之始，让学生进行反复的真音试听，能够让学生在真实的语言表达情境中感受英语表达的内在逻辑，从而将教师的中介作用发挥到极致。

二、高校公共英语口语课程教学的改革策略

（一）高效利用网络资源

一些大学生自律性不足，英语基础相对较弱，在口语教学中，英语教师应重视应用高质量的互联网信息资源，不断拓宽学生的视野，提升学生的口语水平。例如，英语教师可以充分利用英语影视资源为学生营造趣味性十足且轻松愉快的学习环境，充分调动学生的学习积极性。教师在英语教学中运用纯英文电影素材能实现真正意义上的寓教于乐，提升学生的英语学习自信心。原声英文片段中有

生动形象的人物刻画、精彩生动的剧情以及恰到好处的背景音乐，能够为学生呈现妙趣横生的英语环境，使学生获得强烈的视听体验，从而激发潜在的学习英语知识的兴趣。

在任何语言学习中，语言环境都发挥着不可小觑的作用，教师只有为学生营造良好的语言环境，才能引导学生开口表达。在传统英语课堂上，教师为学生传授的英语知识基本以书面语为主，学生将其应用于口语交际时通常会出现话语晦涩难懂或表达歧义等问题，对双方的沟通交流造成影响。教师在教学过程中可以巧用原声英文电影资源为学生展现真实的英语对话情境。学生在观看过程中会下意识地整合人物面部表情、所处环境、语态、手势等无声语言与有声语言，感受英语特有的魅力。学生在英语教师的引领下带着学习任务观看电影，体会其中的句型、用词、节奏停顿、语调、语音、思想情感与思维方式，从而能够掌握正确的英语发音与表达方式，逐渐提升自身的英语口语水平。

（二）实施微课教学

在互联网时代下，高校英语教师不能过度依赖教材，可应用微课教学模式将互联网信息与口语教学相结合，切实提升学生的口语表达能力与英语教学质量，实现预期教育目标。微课要求教师在 5~8 分钟内完整且系统地归纳整合教材重难点知识、相关题型与考点，帮助学生在短时间内高效理解和掌握知识。教师通过在英语口语教学中应用微课能充分调动学生的学习积极性，以清晰直观的方式为学生传授英语口语学习技巧。同时，教师应基于学生学情制订学习方案，满足学生日益增长的学习需求，使学生将更多的时间投入英语口语学习中，为其后续英语语言能力的提升做好铺垫。微课具有主题鲜明、类型多样、结构紧凑的特点，因此教师在进行微课选题时，应仔细筛选内容，明确教学目标，结合不同课程特点选定题目。

例如，高校英语教师可以在课上为学生创设模拟的购物情境。在微课导入环节，教师为学生引入购物话题，并将教学分为技能展示、归纳总结、知识拓展、小组交流以及重点题型讲述等环节。同时，教师应结合购物场景的特色、体系与类型，为学生设置不同内容的微课。例如，在口语交流展示环节，教师可以设置有关消费者和销售员对话的微课，帮助学生了解如何在购买衣服时用英语询问款式、颜色、价格等，使学生在模拟情境中掌握英语口语表达技巧，以此攻克英语口语表达障碍。另外，英语教师还可以通过微课为学生展现中西方文化差异，以此提升学生的文化素养，培养学生的跨文化意识，激发其对英语学习的兴趣。

高校英语教师应尊重学生个性，结合微课内容制订符合学生学情的教学计划，并构建多元微课评价体系，逐渐提升学生的口语水平。教师应每日、每周、每月定期监督学生学习英语口语，并利用互联网平台让学生进行自评。另外，教师可以设置英语口语学习互助小组，实现学生之间的互帮、互助及互评。

（三）引入慕课教学模式

慕课，即大规模开放在线课程，是"互联网＋教育"的产物。慕课通过网络把庞大的教学资源进行浓缩，然后以图像、语音、文字等方式展现给学生。这种多样化的教学方式能有效刺激学生的各种感官，更能吸引学生的注意力。学生可借助互联网不受时空限制的特点获取专业知识，有效提升自身的学习兴趣。因此，高校公共英语口语教学目标需与社会经济发展趋势相一致，这也对高校公共英语口语教学提出了较高要求。

高校英语教师应为学生选取多元、生动、合适的视频资源，让学生自主完成课前预习任务，提前了解教学话题。高校公共英语口语教学除了要让学生掌握词汇、语法、语音等基础语言技能外，更要让学生掌握流利的英语口语表达技巧，拥有较强的英语语言应用能力。高校英语教师在教学过程中引入慕课后，可以让学生更加积极主动地学习英语，促进师生之间的有效互动，提高学生的英语口语表达能力和英语知识运用能力。在传统的高校公共英语口语教学中，通常是教师在课上朗读单词或课文，学生进行跟读。而在基于慕课的高校英语口语课堂上，教师可以积极应用情境教学法、互动教学法开展形式多样的口语教学，将学生视作课堂的主体，增加学生练习口语的机会和途径。学生可以在线上通过观看慕课进行英语口语练习，突破时间和空间的限制，随时随地学习英语。

高校英语教师在开展慕课教学时，应设置课前导入与课后检验环节。通过课前导入环节，学生可以提前了解即将学习的知识内容和重难点，以便在课上进行有针对性的学习。在课后检验环节，学生完成慕课附带的练习和测试题目后，可以根据自身对知识的理解和掌握情况对学习成果进行检验，并改进自身存在的不足。另外，教师应为学生引进国内外优质的慕课资源。例如，教师可以为学生设置话题"Online Shopping"，在正式授课前引入学堂在线 APP 上的慕课资源，为学生介绍中外网络购物的发展历程，明确学习重难点，使学生了解网络购物的优势与不足。

此外，高校英语教师需引导学生转变学习观念，变被动学习为主动学习。中国学生因长期处于汉语交流环境中，除英语课堂外，基本很少有英语学习语境，虽然大部分学生从小学阶段就开始学习英语，但却未建立学习英语的自信心。同时受传统应试教育影响，大多数学生的英语口语能力不足，未能熟练掌握英语语言应用能力，这影响了其英语综合能力的提升。而慕课的出现在一定程度上改变了学生的学习方式，改善了学生的学习环境。英语教师可以针对不同水平的学生设置差异化的慕课课程，改善英语课堂的教学环节，创造更有活力的课堂学习氛围；学生可以在课余时间通过慕课平台观看并学习自己感兴趣的慕课内容，从而实现自身英语口语能力的提高。例如，教师设置话题"Check-in at a Hotel"，在课上为学生播放影视剧中客人入住酒店登记信息的视频，借此介绍相关任务信息与英语表达。同时，教师还可以为学生引入介绍微信与支付宝等支付模式的慕课，调动学生的学习兴趣。教师可以将学生分成三人小组，鼓励学生以小组为单位围绕此话题进行情境模拟和对话交流。

（四）加强项目教学法的应用

1. 以过程为重点，重塑三位一体教学模式

针对目前高校公共英语口语教学取向应试化、教学评价不合理的问题及项目教学法注重项目实施、过程导向的情况，高校教育工作者应以教学过程为重点，三位一体地科学设计教学模式，三位即"练、讲、评"，一体即以学生为主体。

首先，项目教学法讲究"先练后讲""先学后教"。因此，按照"练、讲、评"的顺序，先为学生设置项目，让学生自行练习，学生在练习过程中不断摸索、试错，提高英语口语表达的自信心和能动性。

其次，在项目教学法的实践过程中，学生会自行进行思考和分析。因此，教师在讲解和教学时，应当将专业课和文化课结合起来进行讲解，不仅针对英语口语学习的某一项目进行讲解，还要在讲解中穿插英语文化，以促进学生英语思维的培养。例如，可在项目教学法中添加对英语书籍、英语电影的讲解或使用多媒体技术提高项目讲解的生动性。

最后，在项目教学中，学生根据自身能力完成英语口语任务的不同环节，完成度会有所不同。教师应摒弃以往的对错式教育，在项目教学法中，评价解决问题的方案不再是"对"或"错"，而是"好"或"更好"，教学评价以过程为重点而非以单一的结果为重点，增强了教学评价的合理性。除此之外，还可引入校外考评机制，将学生在企业进行项目实习的分数纳入英语综合能力分数系统。由此，学生期末英语成绩的分数得以细化，更具有全面性，教师也可据此更科学地对学生的英语口语综合能力进行把握，有针对性地进行下一步指导。值得注意的

是，在"练、讲、评"的实施过程中，教师都应秉持"以学生为主体"的思维，在教学中改变原本灌输式的思维模式，开放教学内容，为学生尽可能提供自主学习的空间。

2. 以协作为核心，激发学生自主创新精神

在项目教学法的合作教育理念下，以协作为核心，充分激发学生的自主创新精神和口语实践积极性。

首先，团队程式化协作。项目教学法以"项目"为整体，这就要求学生之间要进行团队协作、各司其职。在项目制定后，根据组内人数设置不同的岗位，学生在自己的岗位上完成既定任务，共同推动项目的有机开展。由此，在程式化协作的过程中，每个学生不仅能够在任务环境下对口语学习的目标进行清晰把握，还能在实践中学习，通过协作激发自主创新精神，提高对英语口语学习的兴趣。

其次，团队循环式协作。项目实施过程中每个环节的岗位都需进行轮换，让学生在不同的项目岗位上进行体验，以全面提高学生的口语能力。学生在项目实施过程中体验领导岗位、过程实施岗位等不同职位，能从不同角度思考问题，团队协作精神和英语思维都有较大提高。

再次，竞赛式协作。团队内部成员之间虽然分工明确、互为整体，但为了激发学生的能动性，团队内部也需采取竞赛协作的形式，充分调动每个团队成员的积极性，确保项目的有效开展。

最后，针对当前英语口语教学课堂教学时间不足的问题，项目教学法可通过"线上+线下"的协作模式延长学生的实践时间。项目教学法周期短、见效快，其将以往模式化的英语互动教学转为以时间为模块的项目研讨。学生在一定时间内进行协作学习，可通过线上口语互动、线下实践演练，达到"理论+实践"的学习目标。在此过程中，教师也可参与学生的线上研讨，把控学生的口语学习进度，解决师生互动不足、模式单一的问题。

3. 以职业兴趣为导向，分类开发英语口语项目

以职业兴趣为导向，摆脱当前英语口语实践的泛化现象，分类开发英语口语项目，促进学生在校时和毕业后能够顺利进行身份转换，对所学的理论知识和实践知识进行良好衔接。

首先，教师可以先根据书本内容制定普适性项目。将项目教学法慢慢渗透在教学过程中，通过统一的普适性项目对学生的实践能力进行摸底排查，为后期英语口语项目的分类开发和学生的分组打下良好的基础。

其次，在学生对项目教学法的过程熟悉后，开始将教学重点从学生英语口语能力的培养转为兴趣的开发。根据不同学生的职业兴趣或职业需求进行分组，提高合作的可行性。将相同兴趣的学生分在同一小组，能够达到"1+1＞2"的同辈群体学习效果。小组成员的日常活动也都围绕同一职业进行，学生的职业口语能力得到潜移默化的加强，学习的深度也有所提高。与此同时，根据学生的职业兴趣，高校可以分类开发针对医学英语口语、国贸英语口语、旅游英语口语等职业口语项目，并由易到难设置不同的项目及情境，循序渐进地提高小组学生的职业口语水平。

再次，针对目前高校教师职业口语教学能力不足的困境，高校教育工作者需"内培优、外借力"。一方面，根据不同的职业口语项目小组分配不同的英语辅导教师，教师需定期参加职业口语培训、自行学习职业口语知识，为学生提供有效指导。另一方面，通过专兼结合的形式，外聘商务口语专家、医学口语专家等进行讲座式指导，提高英语口语教学的专业程度。

最后，项目教学法对项目实施的场景及条件具有一定的要求，越真实的场景越能激发学生的创新性。因此，项目教学法不仅要在校内进行模拟，在学生的项目小组达到一定成熟水平后，学校也应为学生提供更为真实的项目实践平台。通过校企合作、开设孵化基地等方式，深度提高学生的职业英语口语能力，为社会输送人才。由此，高校以职业为导向，将英语口语项目分类开发，并为学生提供深度实践平台，学生能够由浅入深地提高英语职业口语水平，高校英语口语教学的专业性也大大加强。

（五）加强差异化测试的应用

1. 对学生进行合理分层

差异化测试是为了实现对学生的分层，可分为优、良、中、差几个等级，体现了学生经过小学到高中十多年的学习而产生的差异。教师在对学生进行分层前要先进行口语测试，要确保口语测试的专业性和针对性，为教师后续的分层和教学奠定基础，同时也需要在平时的教学过程中注意观察和了解。学生口语能力发挥与临试状态、学生性格特点以及心理素质等，都有一定的联系性，应尽可能排除其他干扰因素，做到对学生英语口语水平的准确评价。在此基础上，对学生进行分层，开展差异化测试，合理设定每个层次学生的测试难度，从而通过测试了解每个层次学生的口语能力发展情况。

2. 增加学习过程性测试

传统公共英语口语测试主要采取期末统一测试的方式。高校可以在沿用期末测试方法的基础上，增加学习过程性测试，随时掌握学生的口语能力发展水平。在开展过程性测试的过程中，不仅要根据学生的分层情况设置不同难度的考题，而且还要对测试指标进行适当调整。比如在学生进行英语口语表达的过程中，容易出现"交际压力"现象。即在特殊的口语测试场景下，面对陌生的考官及其"挑剔"的耳朵，学生会不由自主地感到紧张，影响逻辑表达和语言组织过程。因此，在进行测试的过程中，一方面需要采取适当的方法帮助学生缓解紧张情绪，另一方面也需要排除"交际压力"影响因素，对学生做出更加准确的评价。通过增加过程性测试，改变以往完全用分数评价学生口语能力的方式。

3. 对学生分组进行动态调整

在公共英语口语差异化测试的实施过程中，应关注学生口语学习情况的动态变化，随时对学生的分组进行调整，从而确保差异化测试的适用性。比如在每个学期的公共英语口语教学中增加四次过程性测试，并按照优、良、中、差四个难度进行划分。在实际测试的过程中，每次测试达到不同层次的学生人数都会发生变化，因为学生的学习是一个动态的过程，差异性测试结果也会随之变化。在实施差异化教学时，需要根据上一次测试结果或累计几次测试结果的平均成绩调整分组，让过程性测试始终能够反映出学生的英语口语能力变化情况。

4. 根据测试结果进行个性化指导

从测试结果来看，通过实施差异化测试方法，并增加过程性测试次数，能够对学生的英语口语学习产生推动作用，有利于提升学生的口语测试合格率（中及中以上）。差异化测试的最终目标是实现因材施教，教师面对不同英语口语能力的学生要实施不同的教学策略，遵循学生的学习差异性，了解学生在英语口语中存在的具体问题，并加以指导。比如有的学生的发音不够标准，所以要重点纠正学生的发音；有的学生的句子组合不符合语法，所以要加强语法知识的指导。

总之，教师应关注学生口语能力存在的薄弱环节，为其制定个性化学习方案。在此阶段，教师可以采用一对一指导方式，强化对差异化测试结果的应用。在为学生提供个性化指导的过程中，可以发挥信息技术的优势，随时与学生展开交流，帮助其克服英语口语学习难点，获得更大的进步和提高。此外，也可以在智能在线平台上开展测试活动，随测随评，帮助学生更好地认识自己的口语能力发展水平，从而明确英语口语学习目标。

5.在平时教学中采用分层教学方法

教师应根据所有学生的差异化测试结果，探索有效的改进方法。在此基础上，教师要对不同层次的学生存在的口语问题进行分析，尤其是把握共性问题，并结合具体的问题采用有针对性的教学方法，实现分层教学。每个小组的学习探究任务都是根据小组成员的英语口语基础水平设定的，可以确保学生具有完成任务的能力，能充分参与到课堂探究学习过程中。此外，开展分层教学也有利于学生之间分享进步经验，开展水平相近的口语对话练习，帮助学生找到提高英语口语能力的快捷途径。

（六）加强交际型教学的优化

1.灵活教学，定期开展活动

交际型教学方法在 20 世纪兴起，在不断发展中被更多英语教师运用。这种教学方法由学习自发性、表达能力、语言方式等方面组成，将这种教学方法同高校英语教学中的口语训练相结合能够从多种角度提升学生的交际表达能力，促进学生成绩增长，推动学生全面发展进步，为文化交流传播贡献力量，为社会培养更多高素质人才。为了更好地解决高校口语教学中的问题，教师需要转变自身传统的教学观念，顺应新时代教育发展潮流，使僵化单一的授课模式逐渐向灵活型课堂教学转变，定期带领学生参加专项课外活动，帮助学生有效提升口语交际能力。首先，教师需要熟练掌握英语口语中的交际型教学方法，充分发挥其优势。其次，教师可以通过分析学生的特点和爱好，对授课内容方式进行优化改革，提升学生的课堂积极性。最后，教师可以从学生的角度出发，适当调整教学内容，缓解学生的学习压力，帮助学生感受英语交流的快乐，使学生产生主动学习的想法。

2.完善考核系统，优化教学体系

随着人们对交际型教学方法的重视程度逐渐提高，这种教学方法在实践发展中不断优化完善，最终形成对应的考核系统。现阶段，各大高校需要对这种教学方法对应的考核系统提高重视并加强学习。由于各个高校的发展时间不同，其内部教学资源差异较大，因此高校需要将自身的资源状况作为立足点，从多个角度思考分析，最终形成适用于本校的交际型教学方法考核系统。另外，各个高校还要充分考虑本校学生的素质状况，全面了解学生的主要优势及明显缺点，对教学课程进行有针对性的调整，继而保证优质教学，提升学生的英语交际能力。

3.创新分层教学，加强师生合作

在高校传统教学中，教师习惯使用教材对照仿写的方式对学生进行教学指导，教师与学生之间的交流较少，在一定程度上造成教学时间的浪费，难以保证教学质量。现阶段，教师需要对这种状况加以重视，在现有教学资源的基础上和学生展开交际训练。在这种训练模式中，教师与学生并不知道对方想要提出的问题，使交际训练具有真实性和规范性。

与此同时，为了使课堂教学质量得到显著提升，教师可以多层次有效开展口语训练：第一，教师在日常教学中可以按照口语教学规定，适当营造对应的口语环境，并定期为学生播放外国的影视剧，帮助学生在良好的语言环境中学习口语，使学生的学习热情得以增加，逐渐了解外国人的语言方式，并且使英语听力水平得以提升；第二，教师在对学生进行初步的口语训练后，可以让学生分成小组在课堂上进行英语短句训练，同时可以将学生的喜好设置为对话的中心，或者设置一些争议性较强的中心话题，学生可以通过英语对话在课堂中充分探讨自己的观点，如爱情、人际关系、亲情等，在不断讨论中提升英语口语能力；第三，教师在对学生开展阶段性训练后，学生的英语口语表达能力得到提升，多数学生可以将内心部分想法同其他学生进行讨论，在这个阶段教师可以对学生开展突击性英语训练，对书本知识进行适当扩充，可以将当下社会的新闻热点引入口语训练中，学生在不断的练习中强化自身的英语能力，在交际中逐渐提高口语表达能力。通过以上三个阶段的训练，学生的口语表达能力会显著提升，能够简单表述日常生活中的事件。另外，教师需要培养学生讲英文的勇气，将英文作为备选语言和不同国家的人进行友好交流，帮助学生优质成长。

4.科学培训语法，锻炼口语表达能力

部分高校英语教师认为英语语法教学并不重要，实则不然，语法是整个英语教学的基础，教师使用交际型教学方法时需要培养学生的语法、词汇等方面的能力，将词汇放入具体的英语语境中结合时代文化背景进行讲解，锻炼学生在不同的语言背景中进行交流的能力。同时，教师需要对学生展开科学培训，在课堂中适当引入一些中外习惯方式的内容吸引学生的注意力，为后续的英语学习打下基础。

总而言之，各大高校需要对英语口语教学提高重视，在日常教学中可以采用灵活教学定期开展活动，完善考核系统，优化教学体系，创新分层教学模式，加强师生合作，科学培训语法，锻炼口语表达能力，将交际型教学方法运用到口语教学中，推动学生更好更快地发展，为祖国繁荣昌盛贡献力量。

三、高校公共英语阅读课程教学的改革策略

（一）加强图式理论的应用

1. 注重词汇、句型的讲解

词汇、句子是英语语篇中的核心构成，因此想要深层次地理解语篇中蕴含的主题与含义，教师有必要加强对词汇、句型的讲解，进而丰富学生的语言图式。

其一，在词汇讲解上，英语教师有必要科学合理地运用不同类型的教学方法，最大限度地帮助学生多记忆单词，以促进学生词汇量的提升，其中较为常用的方法有读音法、构词法、同义反义比较法等。另外，教师有必要培养学生根据上下文语境来对词汇含义进行猜测的能力。语言图式的基础知识由语音、词汇、语法等构成，因此加强对这些内容的讲解是非常有必要的，能帮助学生建立起牢固的语言图式，在提升学生的英语阅读能力、效率方面都有着重要意义。

其二，在句型讲解上，教师除了讲解语篇中出现的生词与短语外，还需要进一步讲解语篇中的省略句、长难句、结构复杂的句子，帮助学生解决他们的问题。另外，对于经常使用、特点明显的句型，教师在对其进行讲解的同时，可引导学生对句子进行仿写、巩固，不仅有助于提升学生英语阅读的能力，而且在提升阅读效率方面也具有积极作用。

2. 转变学生的思维方式

在英语阅读时形式图式尤为重要，很多学生可以将文章各段的语意进行翻译，但并不能深层次地掌握文章的整体含义与思想，出现此情况的根本原因是学生没有快速地转变思维方式，无法建立与文章对应的图式，同时很难理解其中的含义。对此，教师在英语阅读教学期间应透彻、全面地讲解难理解的句段，系统地向学生介绍中西方人写作风格、理念、思维的差异，在此基础上帮助学生建立新的图式知识。举例来说，英语驳论文与议论文的写作方法、形式等方面的差异是非常大的。其中，驳论文中作者通常情况下要对文章的中心论点进行全面阐述，然后在此基础上根据自身的想法对文中的论点展开批判反驳，其中蕴含着作者的思想、情感；议论文中作者一般会列举论点，并通过实际问题来阐述论点，同时作者会在文章的结尾处表达自己的见解。基于教师角度来看，有必要根据驳论文、议论

文的特征，引导学生共同剖析它们在文章结构、表述形式上的差异，在此背景下学生必然能够更深层次地理解不同文章类型的特点，有助于构建相匹配的图式知识。另外，教师在引导学生形成与文章相匹配的图式知识后，为了能够促进学生建立新的图式知识，在课后有必要为学生布置相应的任务与作业，最大限度地发挥图式理论的作用。

3. 引导学生构建新图式模式

在大学英语课程中，学生阅读英语文章的体裁、内容较为丰富，并且所涉及的范围也是格外广泛，因此学生要想提升阅读效果、效率，需要不断建立新的图式知识。具体来说，教师在英语阅读教学期间，有必要为学生讲解与语篇相关联的文化知识，为他们的理解提供基础。通过对学生英语阅读的实际情况展开剖析后，了解到部分学生理解的主旨与内容和实际存在一定的差异，导致无法真正理解其中的含义，而学生缺乏全面的文化知识是出现此情况的核心因素。对于部分图式知识而言，其具有很强的文化特征，是某一特定文化的依附体，因此教师应该引导学生在不同的语篇中构建新图式。

总的来说，教师在英语阅读课程中需要为学生讲解与语篇相匹配的文化知识，进而引导学生形成新的图式知识。在实际操作期间，教师要引导学生合理地运用课余时间，借助互联网、图书馆等多种方式对自己感兴趣的英语书籍进行选择，不但能够丰富学生的文化知识，而且在构建新图式方面也有着重要的意义。总而言之，在高校公共英语阅读教学中应用图式理论，引导学生构建新图式是一项重要的举措。

4. 加大阅读量，丰富学生的内容图式

在高校公共英语阅读教学期间，教师在引导学生转变思维方式、建立新的图式知识的同时，还有必要培养学生将图式知识转化为阅读技能的水平的能力。在此背景下，学生的英语阅读水平必然会得到改善与提升。众所周知，英语阅读属于不断积累的过程，同时学生在英语阅读期间会建立新的图式。针对国内的大学生来说，他们在学习英语期间并不只是学习一门语言，而且还要学习蕴含在语言背后的知识。学生要想更加深层次地理解英语的内涵与文化，必须掌握大量的文化知识。大学生在阅读语篇时假如其主题及内容与中国文化相关，那么学生能轻松地理解与掌握其内容，并且还会准确地回答出相应的问题。反之，当语篇的主题及内容与外国文化相关时，学生则很难深层次地理解其中的内涵，同时还会遇到各种问题。由此可以清晰地看出，学生在英语阅读期间是否掌握文化知识是尤为重要的。基于教师角度来说，在日常英语阅读教学期间需要充分认识到培养学生积累文化知识的重要性，积极引导学生建立丰富的内容图式网。具体来说，教师在平时可根据实际情况选择学生兴趣较高的报刊、书籍，为学生布置相应的阅读任务并组织交流活动。同时，教师还可通过课前导入与所学课文相关知识的方式，让学生更加深层次地了解其他国家的文化、经济、政治相关的内容，提升学生对不同语篇的理解能力。由于中西方的思维模式、价值观念存在一定的差异，因此教师有必要引导学生对差异进行对比，达到丰富内容图式的目的，学生的英语阅读能力也会得到明显提升。

（二）加强英语教师的文化渗透

1. 转变英语教学观念

首先，大学英语教师应提高对文化渗透的重视。通常来讲，阅读不仅指文字表达，更指文化因素渗透的过程，如果忽视文化因素，会导致学生对英语句式、段落及语篇出现理解性偏差。因此，教师应提高对文化渗透的重视，将文化渗透充分地融入阅读教学的不同环节和过程中。无论在课内阅读还是在课外阅读过程中，教师都应渗透相应的文化元素。

其次，摒弃传统的以理论传授为主的教育观念。英语教师要想降低传统教育理念、思想对英语教学过程带来的不利影响，就需要树立科学、合理的现代教育观念，以人为本，重视学生发展，满足学生需求，从满足学生需求的角度提高学生的文化素养。在此背景下，学校应优化教学评价机制，弱化知识性评价的比重，关注学生的情感态度、专业能力及文化素养，使教师可以全身心地投入英语阅读文化渗透的过程中。

最后，正确认识英语教育。学校应通过交流会、研讨会等方式帮助教师明确英语人才培养的重点，使其明确英语学科所拥有的工具属性，从社会发展、国家建设及学生成长的角度出发，形成以文化带动语言教学、提高学生文化素养、增强学生语言应用能力的教学观念。当然在教学观念优化、改进及转变的过程中，英语教师还需要形成跨文化交际、传承中华优秀传统文化的教学思想，使英语阅读教学能够充分发挥自身的文化传播功能。

2. 丰富文化导入方法

首先，摒弃理论灌输的文化导入方法，提高文化差异对比的应用程度。通常来讲，英语国家的文化背景知识主要包括宗教信仰、传统节日、文化习俗、地理位置等内容。与我国传统文化所包含的传统民俗、地域习惯、文化思想存在鲜明的差异。学生在英语阅读教学中容易以中国传统文化思想和理念来理解英文篇章，因此在文化渗透的过程中，教师需要灵活运用文化差异比较法，帮助学生深入认识和理解西方文化、明确文章的主旨和内涵。

其次，提高现代信息技术的应用程度。在高校公共英语阅读教学中，教师可以通过多媒体展示西方国家的民俗习惯、节日文化、思想观念及历史传统，调动学生参与阅读教学的兴趣，使文化渗透更形象、更生动。但在此过程中，英语教师有必要构建形式多样、内容丰富的文化素材库，并标注不同素材所对应的文化类型及课程章节，让文化素材可以更及时、有效、科学地展示在学生面前。当然在此过程中，教师还需要对文化素材中的言论、思想及理念进行优化，确保文化素材能够为学生带来正确的价值导向。

再次，积极开展各类文化活动。文化活动主要指学生的课外活动，如阅读文化书籍、杂志、报纸及网络文章，观看英文电影，或开展英语文化辩论会等，在形式多样的文化活动中，教师可以培养学生探究、挖掘西方文化知识的意识，让文化渗透过程更加顺畅、灵活、有趣。

最后，渗透传统文化知识。在英语文化渗透的过程中，教师应将中华传统文化融入英语教学中，发挥英语教学培养学生跨文化交际能力与传统文化传播意识的功能。在传统文化渗透的过程中，学生能够掌握用英语表达、诠释、解析、展示中华传统文化的方法，譬如要求学生阅读有关中国传统文化的英文文章。

此外，在文化导入方法优化与改进的过程中，英语教师还可以将社会实践与阅读教学融合起来，使学生通过实践探究方式明确文化渗透的重要性和必要性，可以更好地掌握英语阅读的技巧和方法。

3. 加强英语教师培训

（1）提高教师的教材挖掘能力

要提高教材挖掘能力，教师必须明确文化渗透的内涵，理解文化元素的表现形式。唯有如此，教师才能将英文文章中所蕴含的经济、体育、社会、科学、风俗、地理、天文等内容渗透到阅读教学的不同环节中。譬如，在文章中谈及航空等方面的内容时，教师应从西方航空史的角度对其进行拓展和延伸。此外，学校还需要从教师培训的角度出发，通过定期或不定期的培训活动帮助教师明确英语国家文化对英语表达形式、表达方式带来的影响，使教师了解中西方文化差异在英语阅读中的表现，从而真正地提高教师对文化元素的认识程度。

(2) 丰富英语教师的文化知识

文化知识对教师开展文化渗透工作具有鲜明的现实意义，但将文化知识作为教师培训的核心内容势必会提高学校的成本投入。因此，在文化知识培训上，应以远程指导与自主学习为主。即通过线上指导的方式，明确教师学习文化知识的方向，如阅读书籍、浏览网页或下载文献资料等；通过教师的自我学习，逐渐丰富教师的西方文化知识。

(3) 提升教师的实践能力

学校要提高英语阅读教学中文化渗透的质量，就需要从教师的跨文化交际能力培养的角度出发，引导教师在跨文化交际的过程中掌握文化渗透的方向、重点及关键。譬如，以顶岗实训的方式将教师派到外贸企业进行实习，不仅可以提升教师的语言应用能力，而且还能提升教师的跨文化交际能力。此外，在教师培训的过程中，学校有必要构建出科学合理的评价机制，使"培训内容""培训方法""培训体系"得到优化和改进。而从教师的教学实践的角度对教师进行评价，可以帮助学校优化培训体系和培训方法，及时发现教师培训体系中存在的问题。在此过程中，英语教师可以更好地掌握文化知识、跨文化实践技巧，提高英语阅读教学中文化渗透的实效性和有效性，促进学生的全面发展。

（三）加强思维导图的应用

1. 合理利用思维导图模型

思维导图模型是针对初学者为使其掌握具体技能所设定的。若学生熟练掌握思维导图，那么模型便不再固定化，这主要是由于不同学生的思维方式不同，各人有各人独特的看法与想法，模型固定化反而会影响学生发散性思维和创造性思维的培养。因此，教师在英语阅读教学中引入思维导图时，应充分考虑学生的个体差异，比如在教低年级的学生时，可采取形象鲜明的思维导图，以吸引学生的注意力，使学生能更深入地理解文章；而在教高年级的学生时，教师可以提取一些关键词替代文章主旨，以此培养和锻炼学生的总结能力和思考能力。

2. 科学绘制思维导图

思维导图绘制应根据既定原则，基于英语阅读课题内容，按部就班地依据具体流程科学设计出明确的思维导图，使其能形象化和生动化地呈现所需讲解的具体内容，这能有效地缩短教师备课与课堂教学的时间，为学生学习英语阅读知识提供更多的时间与空间。思维导图不仅是教学方面的指导，而且还是课堂教学进度的架构，对学生学习与教师教学都有益的思维导图需要教师全面斟酌、反复修改绘制才能取得比较理想的教学效果，这就要求教师既要具备丰富的想象力和创造力，又要具备强大的逻辑思维能力与问题分析能力，从而更好地激发学生基于思维导图学习英语的积极性与主动性。传统教学模式主张英语教师应遵循既定教学任务与教学设计方案开展教学，这样不仅易导致学生丧失学习兴趣与热情，而且还会使学生逐渐失去学习动力，无法体会到学习的乐趣，这样一来，学生根本不能聚精会神地听教师的讲解。但思维导图能很好地克服这一问题，学生通过思维导图不仅可以更好地掌握语法与写作技巧，而且还可以牢固地记忆英语词汇并学以致用，这种教学模式在丰富英语阅读课程教学形式的同时，还保障了英语教学工作更有质量地开展。值得关注的是，在英语阅读教学过程中不可过于讲究思维导图绘制环节。教师在利用思维导图开展英语阅读教学时，应注意只能将思维导图作为英语阅读教学工作的辅助工具，其是为英语阅读教学提供服务的。因此，教师在教学过程中不可过于强调思维导图的绘制，而应更重视基于思维导图辅助学生英语阅读的学习。若过于强调绘制思维导图容易造成学生将多数时间耗费在绘制导图上，忽视英语阅读学习，最终很可能会导致学生英语阅读能力与水平无法得到更好的提升。

3. 充分做到因材施教

各学科教师都应做到因材施教，使学生得到较好的综合发展。而这就需要教师在充分关注优秀学生英语阅读学习状况的同时，也要给予学困生更多的关注和个性化的指导，以使学生能基于思维导图的辅助功能实现自己阅读学习效率和质量的提升。优秀学生在利用思维导图过程中所遇到的疑惑和难题大致相同，但是学困生却不一样，不论教师采取什么样的教学模式，一些学困生总是对英语学习提不起兴趣。甚至有些学困生由于思维导图绘制受阻，逐渐丧失了学习兴趣。还有一些学困生则是由于文章阅读难度较大，不知如何绘制思维导图。以上这些问题的存在要求教师在开展英语阅读教学过程中，应根据学生的实际情况科学合理地设置难易程度不同的活动与练习，实现真正意义上的因材施教。而对英语基础比较薄弱的学生，教师应及时答疑解惑，当学生有所进步时，及时给予肯定与鼓励，以使这些学困生能尽快地赶上教学进度。

4. 扩大思维导图的应用范围

对英语阅读教学来讲，思维导图可应用于词汇、语法、写作、听力等多个方面。若是学生在这些方面都有所提高，那他们的英语阅读能力便会随之得到更大的强化，学生阅读能力的提高也会在一定程度上促进他们英语其他方面能力的强化。因此，教师在英语阅读教学过程中可以积极采取发散性思维与联想性思维，确保教学内容的合理性，不应在某方面进行绝对划分，而忽略与其他方面的关联性。

（四）加强合作学习的应用

1. 在学生团体中建立积极的互依性

将合作学习应用于高校公共英语阅读教学的过程中，首先，教师要让学生意识到他们是一个"沉浮与共"的共同体，每个学生不仅是自己的个体，更是团体中的重要个体。就高校公共英语阅读教学而言，合作学习可以应用于课前、课中和课后。对于课前的合作，教师可以安排各小组搜集文章相关的背景资料，让各小组搜集尽可能多的舞台表演形式、每种表演形式的特点及呈现方式等，课上以小组为单位进行介绍，也可采取竞赛的形式比拼哪个小组搜集的资料更加全面。让小组成员通过分工、合作的方式来进行课前搜集资料的工作不仅能够让学生收获更为全面的知识，而且也能够让学生充分意识到自己是小组中的重要个体，小组成员是一个"沉浮与共"的共同体。对于课中的合作，教师应更多地设计一些偏向开放性的探究任务，让学生在交流与讨论中进行思维的碰撞，激发学生的创造能力与跨文化理解能力。同时，教师在学生合作的过程中也要积极扮演好指导者、合作者与促进者的角色，留心观察每一位学生在合作中的状态与表现，对于反应不积极的学生要积极引导，对于背离主流价值观的文化理解也要及时指正，极力促进合作学习的正向发展。英语阅读教学中课后合作的主要形式是学生通过交流与分享深化对文章的理解，为了避免课后小组讨论流于形式，教师可以要求各小组将讨论内容形成文字，作为小组讨论作业，这不仅能够保证每一位小组成员参与其中，而且也能够在一定程度上提升个体成员的团队意识。其次，在教学设计过程中教师要更多地考虑到从整体上对学生进行考查，将团体的成绩作为教学评定的标准。教师可按照以下两个步骤进行：第一步，合理搭配小组成员。教师在为学生进行分组前应充分考虑学生的英语成绩、性格差异、沟通能力等各方面因素，在全面客观地分析学生特点的基础上，合理地搭配小组成员。第二步，成立互助小组。小组成员之间相互帮扶、共同进步，以每一位组员进步的成绩作为小组成绩进行累计评比。最后，教师要坚持共同发展的评价观念，不以成绩优劣来评价个体，而以个体对团体的贡献来进行评价。英语阅读拥有广泛的阅读素材，涉及社会的各个领域，因此，对于学生阅读效果的考查也不能单以成绩一概而论。这就要求教师在合作学习的过程中动态地考查学生对问题的理解程度、与同伴的交流程度以及发表观点的创新程度。

2. 学生要掌握必要的人际交往技巧

为使学生更好地掌握合作学习中的人际交往技巧，教师要在小组合作学习前向学生介绍有关合作学习的意义，使学生了解合作学习的重要性，从而为开展合作学习奠定良好的思想基础。

一方面，引导学生掌握必要的合作知识。将合作学习应用于高校公共英语阅读的目的是让学生在与同伴交流的过程中学会聆听、清楚表达，并掌握必要的交流技巧。这就需要教师在学生合作交流的过程中能够积极地参与其中，对学生进行积极的鼓励与引导，致力于促进学生人际交往技巧的养成。通过小组讨论，让学生关注到别人的见解，鼓励学生发表自己不同的看法，引导学生深入讨论中去，发现问题，解决问题，让学生认识到合作的重要性。

另一方面，还可以举办一些集体活动。例如，以小组为单位的英语辩论赛，以此来拉近学生之间的距离，让学生尽快地融入小组中。在此期间，教师的作用是引导学生相互了解、相互信任、相互接纳与支持。同时，在英语合作小组成员遇到分歧时，教师也要教会他们如何建设性地解决冲突、化解矛盾。

3. 增加对合作学习的反思环节

合作学习小组成员需要在每次合作学习结束后花一些时间来分析合作过程中的一些问题，总结其中的经验，以达成合作学习小组成员间高效合作的共识。对高校公共英语阅读教学中合作学习的应用情况进行反思有以下三个环节。

首先，合作学习前的反思，主要表现在教师在组织合作学习前，要仔细回顾以往阅读教学中合作学习的应用效果，反思合作学习没有发挥其应用价值的原因，并结合班级学生英语阅读的实际状况设计符合学生接受水平的合作形式。

其次，合作学习中的反思，主要包括三个方面：一是课堂效果，即合作学习能否营造良好的课堂氛围，推动英语阅读教学顺利进行；二是合作效率，即是否能够在规定时间内很好地完成既定的英语阅读任务、实现阅读教学目标；三是阅读效益，即合作学习是否提升了学生的跨文化理解能力、英语交流及学习能力等。

最后，合作学习后的反思，即在合作学习后教师是否有带领学生对合作学习进行评价。教师可以引导小组成员将合作中的优势与不足做成一览表，并就今后如何在英语阅读教学中发挥合作学习的优势、弥补合作中的不足进行讨论。教师也可以带领学生制定有关英语阅读合作学习的评价标准，其中可包括学生的阅读能力、口语表述能力、问题解决与探究能力等，合作学习完成后教师和学生可以参照评价标准对合作学习情况进行反思。

四、高校公共英语写作课程教学的改革策略

（一）确立培养目标

英语写作课程的培养目标是要求学生学完本课程后，能熟练掌握英语的正确选词、组句、段落写作和不少于200单词的文章写作能力，包括英文概要的写作能力，须有一定的英语文本归纳和概括的能力，具备使用中等英语词汇的水平，造出的句子基本通顺，语言表达基本得体。那么英语写作属于什么类型的课呢？一般来说，英语类课程基本可以分为三大类：知识课、技能课、研究课。知识课旨在向学生传授知识；技能课旨在培养学生的某种技能；研究课旨在培养学生的某种研究能力，包括思维、理论和实践三个层面的能力。按照上述分类，英语写作显然属于技能课。

（二）加强批改网的应用

批改网的在线自动批改作文系统极大地减轻了教师的作文批改量，但也存在些许问题，如对作文字数、内容相关性和篇章衔接考查不够，所以教师要针对批改网标注"疑似错误"的部分进行判定和人工修改，找出学生的共性错误和个体差异，构建混合式写作教学模式。

1. 讲评共性错误，推进个性化指导

教师可以利用批改网的共性薄弱点统计分析，了解同一作文题目下学生普遍存在的典型错误，并在课堂上进行集中讲解，如大小写问题、标点符号误用、主谓不一致和句子成分缺失等。教师可以选择典型错误例句让学生统一学习、识别和改正。而对于名词、动词和形容词的使用错误，教师需要对学生进行分类指导，有针对性地帮助学生突破写作难点。

由于自动在线批改系统技术尚不成熟，机改系统有时只是笼统地指出语法不规范之处，没有明确指出具体的问题，这导致学生在修改过程中出现诸多困惑，所以教师在再次批改时，可帮助学生具体分析词汇和语法错误，给出合理、详细的修改意见。

2. 强化句法结构训练，培养语篇思维

学生在批改网上提交作文后，能及时地获取得分和总体评语，根据提示自行修改简单的单词拼写和词汇错误。但对于句子成分缺失、双谓语、连词错误等句法层面的错误，学生通常会感到比较困惑，这就需要教师在人工批改的过程中关注语篇衔接与连贯和句法结构等问题。

在高校公共英语写作教学中，教师应引导学生树立语篇意识，组织好文章结构，列好主题句和关键词，增加表明句子关系的并列、递进、转折、因果等逻辑连词，在保证文章逻辑结构合理的基础上，再添枝加叶，根据主题要求补充其他句子成分。同时，教师应敦促学生在阅读英语文章时，加强对于句子成分的分析和词语搭配的记忆，以避免出现中式英语的表达，培养其英语写作思维。

3. 构建小型语料库，开展横向和纵向分析

在高校公共英语写作教学中，教师可以引入批改网提供的词汇和语句等真实语料。在讲解重点词汇的用法时，教师可以增加近义词辨析和高级词汇表达，如引导学生用 instance, case, sample, illustration, specimen 等近义词替换 example；very 则可以替换成 overwhelmingly, exceedingly, extremely, intensely 等高级词汇。在写作训练中，教师可以引导学生模仿本族语者语料中的重点词汇用法，积累良好的语言素材，为写作打好词汇基础。

批改网可以将同一题目下的所有学生作文做横向对比分析，对词汇和句法上的错误数量和分布进行统计。教师可以根据学生的错误频率将不同错误类型的语句单独组建成小型语料库，和学生一起探讨错误成因并进行逐类更正。在传统的写作教学中，教师的批改不易保存，这导致教师难以跟踪学生写作能力的提升过程。现如今，在批改网在线系统的帮助下，教师可以保存所有作文的修改过程和评语，构建单个学生的纵向写作语料库。教师不仅可以及时了解每位学生的英语写作进展和优缺点，而且也能让学生在提交和修改作文的过程中感受到自身写作能力的提升，从而增加学生的英语写作兴趣和动力。

（三）注重学生阅读技能的提高

写作水平的提高离不开足够的语言输入，语言输入在很大程度上与阅读有关。从某班学生对阅读课教学的反馈看，80%以上的学生对阅读课教学有意见，如文章部分讲解速度快，思维跟不上，教师对文章内容的讲解重点不突出，学习抓不住重点。教师只能尽最大努力帮助学生提升阅读技能，如推荐有效的阅读方法、讲解阅读策略等。如果将写作课和阅读课整合成"读写课"，教师对学生的阅

读和写作进度都容易把控，便于安排写作课的教学内容，以使写作课教学效果最大化。

（四）综合利用信息化技术辅助教学

信息化技术涵盖很多方面，它具有四项基本内容：感测技术、通信技术、计算机和智能技术、控制技术，即信息技术的"四基元"。从信息技术的属性来看，Black-board系统、外研社的优诊学系统、蓝墨云、QQ等都属于教育信息技术，它具备一些计算机和智能技术的特征。采用教育技术辅助的写作教学，是一种线上线下的"混合式教学"，目的是融合课堂教学和网络教学的优势。

利用Black-board系统，主要使用如下功能：作业互评、学生讨论、作业发布及在线测试、跟踪统计、学习预警等。根据教学进度，适时在Black-board系统发布在线测试和各类作业，并通知学生所发布的某些作业是下次课堂教学要抽查提问的内容。这些措施都能有效激发学生自主学习的积极性。需要注意的是，如果声明某次在线测试结果与学生的平时成绩挂钩，少数学生会串通作弊，教师可以考虑在机房统一进行测试，如果是课下开卷测试，为防止学生作弊，要求学生在接受测试时录屏，随后把录屏发给教师，这样做可以有效防止学生作弊。

此外，适当使用北京师范大学和外研社合作开发的在线测试系统"优诊学"，可以诊断学生的写作水平，为改进教学提供支持。鉴于有些学生在上课时很少主动回答教师的问题，可以使用蓝墨云班APP的轻直播讨论、举手等功能。实践证明，这一方法对于调动学生的发言积极性十分有效。另外，在小组汇报时，利用蓝墨云班APP或QQ发布投票，评选表现最佳的小组，可以增强学习小组的团队合作意识。如果学校建有智慧教室，教师可以利用智慧教室的自动录像功能，将课堂教学实况录下来。然后多看几遍回放找出教学中的漏洞和问题，及时改进。

上述教育技术都能有效敦促学生自主学习，使学生不愿也不敢偷懒。对于教育信息技术，教师应尽一切可能多了解和掌握，并关注新技术发展，这样可以激发学生的学习兴趣。

（五）基于语料库构建英语写作教学模式

有效的语言输入才能产生丰富的语言输出。课外阅读可以丰富语言输入，但是需要长久坚持。在教学中发现，一些通过大学英语四、六级考试的学生，仍然在写作中出现语言贫乏的问题，这是应该引起重视的。语料库有助于学生根据真实情况学习语言。因此，教师要收集大量真实的语料，并根据其用途和体裁建立不同类型的语料库，引导学生通过语料库实现更加有效的语言输入，提高英语写作能力。教师在建立英语写作语料库的时候,可以专门收集英语国家真实的语言资料,包括主要报刊的文章和文学作品,但是,需要注意英式英语和美式英语的异同,注意语料库资料的体裁,注意难易程度。语料应该按照教学目标、文体、难度等进行分类,来增加使用者英语写作表达选择的辨识度。写作语料库的构建需要注意以下两个方面。

1. 把握语料库在写作教学中的应用要点

语料库的构建在于为学生提高英语写作水平服务,帮助学生掌握地道的英语。引导学生从语料库中检索与英语写作相关的知识、方法,需要注意三个问题:第一,在写作课前,让学生掌握语料库检索方法;第二,在写作课上,引导学生利用语料库写作;第三,在写作课后,指导学生运用语料库修改作文,进行记录和反思,组织学生讨论,分享语料库检索经验。

2. 指导学生运用语料库提高写作水平

学生可以利用互联网获取免费的语料库。如英国国家语料库、布朗语料库及中国学习者英语语料库等。但是,现在很多学生习惯于听讲,不愿意动手、动脑写作。教师可以把学生分成若干组,由各组学生对关键词进行检索。例如,使用英语国家语料库检索,得出与某词构成常用语块的动词搭配方法;点击相关内容,查看与之关联的语境,从而增进对关键词用法的理解。同样,我们可以利用英语写作范文语料库,结合学生习作内容展开检索分析,让学生从语篇结构、语义连贯性等方面获取写作知识,丰富英语写作技巧。

第五章　高校公共英语课堂教学评价的改革

本章分为高校公共英语课堂教学评价的意义、高校公共英语课堂教学评价的基本原则、高校公共英语课堂教学评价的创新方法三个部分。主要包括课堂教学评价概述及高校公共英语课堂教学评价的意义，高校公共英语课堂教学评价的导向性、科学性、多元化等原则，高校公共英语课堂教学评价的自我评价法、师生合作评价法、诊断性评价法等方法等内容。

第一节　高校公共英语课堂教学评价的意义

一、课堂教学评价概述

（一）课堂教学评价的概念

所谓教学评价，就是从现代教育价值论的角度，根据一定的教育目标，运用科学的方法和相应的手段，对英语课堂教学过程进行价值判断，用课堂教学评价的导向、激励、鉴定作用促进教学水平的提高。

在英语课程中，课堂教学评价是必不可少的，构建科学有效的评价体系能够充分保障课程目标的顺利达成。所谓课堂教学评价指的是，教师在组织和开展课堂教学活动时，以学生学习效果和教师教学水平的提升为目的，对学生的学习过程及最终成效展开的综合性评价。课堂教学评价应以课程标准要求及教学目标为依据，全面有效地监控整个教学过程及成果。在评价基础上，让学生通过学习英语课程，对进步和成功进行感知，在自我认知过程中充满自信，进而培养并锻炼语言运用能力；教师通过评价活动获取教学反馈信息，据此来总结并反思自己的教学行为，及时做出调整，帮助其实现教学水平的不断提升。

（二）课堂教学评价的形式

在教学评价体系内，课堂教学评价占据了非常重要的地位。课堂教学评价有两种主要形式：第一种是教师在教学过程中采取的策略，为促进学生的学习和改善教师的教学而实施的、对学生的学习过程与学习结果进行评价的策略。举例来讲，在课堂教学活动中，教师针对学生的知识学习和掌握情况做出反馈。学生占据了主体地位，教师全面评价学生学习的过程及结果，为学生学习以及教师教学工作的改善提供良好的辅助。第二种是在完成课程教授后，听课教师评判课程质量及其所具备的价值。评价课堂教学活动的形式在学校的评课活动中比较常见。

课堂教学评价以学生的课堂表现为主要侧重点，这些表现主要体现在师生之间及不同学生间的互动、学生的学习自主性及其情感等方面。在课堂教学评价活动中，学生学习和教师教学的一系列过程都受到了重点关注，其中包含教师对学生的评价和引导、学生学习兴趣的激发等。

（三）课堂教学评价的功能

课堂教学评价的功能主要体现在推动学生的个体发展、促进教师的专业成长等方面。就英语课堂教学评价来看，其以英语课程目标的达成为主要任务，即对学生的语言运用能力进行培养与锻炼。英语教师在课堂教学评价中要把培养学生的学习兴趣、态度和自信心的教学目标融入评价过程中，把培养学生良好的学习策略和学习习惯作为教学评价目标之一，在课堂教学评价中要提升学生语言学习的能力以及自我监控和自我评价的能力，以学生的发展为本，确立学生的主体地位，培养学生综合运用语言的能力，为学生自主学习语言和持续发展打下基础。

（四）英语课堂教学评价的理念

就整个英语课程体系来看，英语课堂教学评价占据了极高的地位，它充分保障了英语课程目标的顺利达成，它在整个英语教学活动中是无处不在的。英语课程评价的主要要求是以过程为根，推动发展，帮助学生实现语言素养的培养和提升，通过课堂教学活动帮助学生获取更好的发展成就。英语课堂教学评价的理念主要包括以下几个方面的内容。

①评价的功能由侧重甄别与选拔转向侧重发展。现行教育提倡全民素质教育，英语课堂教学评价以促进学生的发展为目的。

②评价的对象由注重对课堂学习结果的评价转向注重对学习过程的评价。英语课堂教学评价是以促进发展为基础的过程性评价，评价应更多地关注学生不同阶段的发展状况。

③引入多样化的评价主体，让多个主体共同参与到评价活动中，在教师评价学生的同时，也应该引入学生自评、互评以及家长评价等多种方式，通过多种渠道进行反馈信息的获取。

④将评价结果的反馈功效凸显出来，让被评价者能够认同评价结果，评价目的在于通过评价活动进行问题的识别和处理，为学生的发展助力。

⑤评价的内容更加全面综合，注重学生素质的全面发展，不仅关注学业成绩，更强调关注学生创新精神和实践能力的培养以及良好的心理素质、浓厚的学习兴趣、积极的情感体验等方面的发展。

⑥丰富评价方式，质性和量化两种评价方式应综合运用。

二、高校公共英语课堂教学评价的意义

（一）对教师的意义

1. 转变教学评价理念

教师对高校公共英语课堂教学成效产生直接性影响，教学评价是教学实践的关键，是师生交互的桥梁，亦是知识高效传导的载体，因此引起教师重视，成为教学研究及教师发展的着力点。

①提高教师课堂教学评价的意识和对英语课堂中过程性评价的关注度。教师要树立起教学评价意识并不断强化，在课堂上要随时注意观察学生的行为和表现，及时对学生做出客观的评价，并引导学生学会自我评价和学生之间互评。

②让教师从"结果为主，过程为辅"的传统评价观念中解脱出来。过程性评价立足于整个课堂教学活动展开全面评价，综合考量学生的课堂学习成效。就英语教学工作来看，应该对学生的英语学习过程及进步情况给予重点关注，在课堂教学活动中，对学生的情感波动进行细致的观察。此外，还应该对学生的组内活动做出评价。

2. 提升英语教师的教学评价能力

在高校公共英语教学活动中，教师既要具备丰富的知识储备，还要能够对教学理论进行灵活合理的运用。英语学科知识可以通过自学掌握，但英语教学理论方面的知识却很难掌握。教师首先要主动学习，积极地关注最前沿的教育教学研究成果，比如多阅读有关英语教学类的报刊来促进自身专业能力的成长。在日常教学工作中多参与观摩课等活动和各种教育培训方面的讲座，多与优秀教师进行沟通、交流，不断提升自身的教学评价能力。其次，学校和相关教育部门应组织

教师参加规范的评价实践和研究活动,加强教师课堂教学评价技能的训练。以课堂教学评价为主题对英语教师进行培训时,既要让教师对有关评价理念有一个全面深刻的了解和把握,也要大力培养并锻炼其教学评价能力。例如,可以展示英语教师在课堂上可以经常使用的激励性语言、表扬性语言等,这些已经总结好的课堂评价用语可以更好地帮助教师在日常教学中进行正确的评价。

(二)对学生的意义

在高校公共英语课堂教学评价中,对学生的评价主要侧重以下几个方面的内容。①学习的态度及情感,如学习的兴趣、驱动力等。②学习策略发展状态。通过观察整个教学活动,对学生的学习主动性及学习过程中的合作度以及学生能不能从现实任务出发对学习策略做出及时适度的调整这些情况有一个总体的了解。③对教材语言知识及技能的了解和掌握度。教师可在提问、测验等方式的辅助下,对教学效果进行检验。④语言技能的综合运用能力。在对学生的课堂听讲、问答、情境模拟和分组讨论等活动表现进行全面观察的基础上,对其语言知识的运用能力有一个总体的了解和把握。⑤文化意识。结合课本单元话题,通过课堂沟通对话等多种形式了解学生是否掌握了东西方文化的差异。

高校公共英语课堂教学评价对学生有着如下方面的意义。

1. 发现自己的不足,及时进行改进

在教学评价中,学生可以及时发现自己学习中的不足,进而对其进行分析,调整学习计划,改变学习方法,提高学习效率,使自己成为真正的学习者。

2. 了解学习过程,积极主动学习

在学习过程中,很多学生都将注意力放在学习结果上,而忽视了学习过程。实际上,过程要远比结果重要得多,无论做任何事,如果没有过程也就不可能有结果,过程对结果有决定性作用。英语学习也是如此,学习成果的取得要靠学习过程的积累。而有效的教学评价可以将学生的注意力转到学习过程中来,能够引导学生了解自己的学习过程。一旦学生对自己的学习过程有所了解,就会积极主动地学习,并能自觉监控自己的学习行为。

3. 了解自己的进步,获得成就感

教学评价使得学习过程变成了可视的事物,通过对学习过程的审视,学生可以清晰地看到自己的学习轨迹和取得的进步,这样学生就会产生满足感,获得成就感和自豪感,增强学生的学习自信心,增加学习的动力,提高学习的积极性。

第二节　高校公共英语课堂教学评价的基本原则

一、导向性原则

导向性原则体现了教学评价对教学活动的导向作用。教学评价可以使教师通过评价标准明确自己的努力方向，还可以对教师的教学工作进行指向、引导和启发。

在高校公共英语课堂教学过程中，教师的语言、行为、仪容仪表、教学准备以及自身风格特点等细节都可能影响课堂教学的质量，因此对教师教学行为细节的评价是课堂教学评价中不可缺少的部分。学习环境也是影响学生学习效果一个重要因素。一个干净整洁、布置温馨的学习环境和一个脏乱差的环境给学生的感觉是不一样的，前者更有利于学生进入学习状态当中。为使教师重视学习环境对学生潜移默化的作用，对学习环境的评价也应被纳入课堂教学评价中去，这有助于引导教师为学生创造良好、和谐的学习环境。

二、科学性原则

科学性原则要求使用先进的评价方法和评价工具，以科学的态度制订方案、建立标准，搜集、处理和分析有关信息，最终做出判断。例如，对学生英语学习的评价内容不仅包括语言知识、语言技能和实际交际能力，还应当包括学生在学习过程中所表现出来的情感、态度、价值观和发展潜能等。评价的方式有测试性评价和非测试性评价之分。教师应注意将二者有机地结合起来，即使在测试性评价中也应注意考查学生实际运用语言的能力，不应只注重语言知识和语言形式。这就意味着测试中考查学生听、说、读、写技能的项目所占比例要合理。

科学性原则还要求评价时要考虑评价方法的可实施性，若评价的程序、方法和标准十分复杂，就会降低评价的可实施性，使评价工作难以开展或达不到预期效果。例如，在课堂教学过程中插入过多的评价环节、学习档案内容要求太多等，都无法获得好的评价效果。

三、多元化原则

新形势下，高校英语教学评价是一个教与学融合的过程。传统的对学生的教学评价只是通过考试成绩或过级成绩的单一层面的终结性评价,而新的教学评价是从多方面进行的发展性动态测评,不仅涉及考试成绩,还需对学生的语用技能、学习态度、学习策略以及团队合作表现等相关的多层面进行评价。这一教学评价特征吻合多元智能理论的教育评价原则:发展性和多元化是其核心特征,形成性评价和终结性评价相结合是其评价的多样化方法。多元化教学评价原则的特点有三个。

1. 评价主体多元化

其表现在除了授课教师外,还包括学生群体和学生本人都可以参与学生学习活动的评价。不单保障学生在学习中的主体地位,并且有益于评价主体之间的交流与合作,促进学生发展。评价的根本目的是培养学生的独立性,使学生能够处理日常学习中的新问题。虽然教师在英语教学中的地位是不可替代的,但学生才是学习的主体。教师需要改变可能使学生感到紧张的评价方法,提高学生参与评价的积极性,营造平等、和谐、民主、自由的评价氛围,让学生讨论自由、评价自由。

2. 评价方式多元化

不仅使用单一的纸笔测验成绩评价学生,同时还使用其他评价方法评价学生,如问卷调查、档案袋评价、活动表现评价以及访谈法等。评价的方式不局限于固定的程序和形式,而是贯穿于整个教学活动中,方法灵活多变。传统的评价形式是考试,如终结性评价。考试有很多种,比如单元考试、期中考试、期末考试等。经常进行终结性评价的结果是学生容易感觉学习枯燥并失去兴趣。教师应在日常英语教学中运用多种评价形式,如用形成性评价与终结性评价相结合的方法来评价学生。

3. 评价内容多元化

对学生的语言知识、学习技能、情感态度等各个方面进行综合评价,注意学生的学习方法及学习过程。评估学生的认知能力、基础知识以及对各项技能的掌握情况,同时评价学生的兴趣特长、协作能力、自主学习能力。教师在设计活动时,要根据实际情况将多种智能巧妙地结合,建构多元化的评价内容,以便全方位地了解学生的学习情况,达到全面综合评价的目的。在课堂中,教师可以引导学生参与一些锻炼口语表达能力的活动,如英语情景剧表演、角色扮演等,强化学生对语音、词汇、基本表达句式的掌握能力。

运用多元化课堂教学评价的原则对学生的英语学习效果进行评价时，多个主体共同参与到评价过程中，并利用多样化的评价方式，在多个渠道、不同英语教学情境中开展评价活动。概括来说便是"评价过程与评价结果相结合""定量评价与定性评价相结合""他人评价与自我评价相结合"的具有相当高的独立性的评价机制。"多元"主要可体现在评价内容的多维化、评价方式的多样化以及评价结果的多元化等诸多方面，开展多元化英语教学评价的意义在于促使学生得到更加全面的发展。在多元化评价模式下，学生不只是学习的主体，也逐渐成为学习评价的主体，积极参与到各种各样的评价活动中。学生评价不仅包含学生自评，还有学生间的互相评价，两者各有优劣。学生自评通常是学生结合自己在英语课堂的学习状态，依据相应的评价标准对学习过程、学习结果进行评价，其优势在于学生对自身情况了解得较为深入。学生互评则以小组合作教学为基础，鼓励组内学生对同伴的英语学习情况进行互相评价，其优势在于能帮助学生发现自身忽略的问题，有助于学生查漏补缺。

多元评价更多的是运用于课堂，所以它的实际意义也就在于对课堂产生的影响：是否促进了教学，学生反映出的效果如何以及是否促进了学生的学习成绩提升等各方面。多元评价的理论来源于课堂，又将其理论运用于课堂，二者相辅相成，相互作用。首先，分析日常课堂收集的信息可知，现在的教学评价主要是终结性评价和形成性评价，但是这两种教学评价各自存在不足之处，所以多元评价的引入在某些方面可以有效改善这样的现状。其次，英语新课程改革的要求体现了终结性评价和形成性评价的结合，多元评价模式既体现了终结性评价的效果，又体现了形成性评价的过程，这种有机结合丰富了其表现形式，展示了优势之处。最后，从课堂的效果来看，多元评价对于课堂是有促进作用的，不论是从教师角度还是从学生角度来看，这种较为先进的模式有不错的课堂效果，能够调动学生的学习积极性并提高学生的成绩。

四、全面性原则

英语教学具有完整性，这种特性一般来说体现在教、学和教学评价三者的结合上。我们知道在教学中如果教师的教学一成不变、无视学生需求等，那么学生在学习过程中就不能接受到新的知识、理念等。这样就会导致他们学习兴趣的降低，影响学习效果。而教学评价可以给教师和学生提供有关教与学及其效果方面系统的一手资料，这些资料无论对教师还是对学生而言都是非常有利的，如利于教师反思自己的教学，利于培养学生的自省意识、与他人积极交流以及解决问题的能力等。所以,课堂教学评价应该是教师和学生教与学的重要组成部分,对课堂教学效果起到保障作用。

有效评价的另一种形式是多方面多角度地评价学生的学习。当教师评价学生、学生间互评或学生自评时,无论评价结果是优、良还是中,评价的效果都极为显著。学生愿意听到老师和同学指出他们的优点和进步,由此产生满足感和成就感。而对于能力较弱的学生,同学和老师如果都能对其有信心,并帮助他们分析和解决遇到的问题,他们就会更加有动力、有信心地继续学习。可以说,师生、生生之间的交流过程就是相互认识、重新认识自我和他人的过程。通过评价,学生学会了咨询、发现和解决问题,正确评价自己以及对自己的学习负责,最终实现学习的自主与自理。可见,评价能够为学生自己以后独立学习奠定良好的基础。而在评价过程中,教师可以对学生进行一定的指导,鼓励学生反思过去、审视现在和展望未来。课堂上,教师要努力营造和谐宽松的气氛,让学生感觉到他们本身的重要性,教师一定要清楚课堂活动的目的是帮助学生展现所学的知识和发展自己的能力,而不单纯是完成教学任务。

英语课堂教学评价不仅要对学生的知识掌握情况进行评价,还要对学生的创新能力、情感体验、合作精神等多方面进行评价。英语教师要在课堂教学评价中采用激励的评价方法,鼓励学生积极主动地参与到英语学习的活动中。

五、效率性原则

课堂教学活动本身是为了完成一定的课堂教学目标而进行的,每一个教学环节及其相应的教学活动都应围绕着课堂教学目标而存在。因此,教学活动和教学环节的设置是否恰当影响着教学目标能否顺利实现,也影响着教学评价能否顺利进行。

教学评价要以学生自评为主。通过这种方式可以培养学生学习的自我监控能力,推动他们成为自主学习者。学生自评应侧重其学习目标的完成情况,并从完成的情况中发现自身存在的问题。

对教学评价所采用的方法应进行监控。监控可以对存在的问题进行及时的发现与处理,如调整方法的选择和具体操作等,从而保证教学评价的有效开展,把教学评价的作用充分发挥出来。

评价的整个过程都需要让学生理解,比如让学生理解所采用评价方法的作用和操作方式。另外,"反馈链"也需要引起教师的注意,尤其是链条中每一环节结束时,所采用的处理方式一定要在每个环节结束后使学生清楚课堂评价的作用和价值，而且最后要让他们看到教学评价给他们的学习带来的切实的效用。只有让学生看到评价的实际效用，他们才会积极主动地配合。

六、差异性原则

高校英语教师应该充分意识到大学生的个体差异。只有找到了这种差异，教师才会选择不同的适合个体发展的教学方法，最终有效地达到教学目的。好的评价方法可以是一种有趣的学习体验。当学生主动进入那些吸引他们的任务、习题、专题、作品背景下的评价时，评价则进入了最理想的状态和环境中。

不同年龄的学生在生理和心理上有着不同的特点，教学评价应根据不同年龄学生的特点选用适当的评价方式。低年级应以形成性评价为主，以学生平时参加各种活动的表现以及合作能力为主要评价依据，并在此基础上进行终结性评价。高年级应把形成性评价和终结性评价结合起来，终结性评价要更加注重对学生用英语获取信息、处理信息、分析问题、解决问题以及英语思维和表达能力的评价，如考试应注意口试、笔试相结合。

课堂行为表现评价对学生学习结构的建立和重建、学习标准的创造、学习的参与以及学习的网络都有重大的影响，因为学习并不是一个人的活动，它与学校、家庭、社会以及学生自身的发展紧密相连，因此评价也就显得尤为重要。要保证所有学生都受到有效、公正的教育，而学生的学习结构、参与精神、学习网络的联系等都是关系到学生成功与否的重要因素，教师必须对此给予足够的重视。

七、真实性原则

真实性原则要求对学生的学习结果进行评价时应强调真实的生活情境。真实性评价离不开真实的任务。

在进行真实性评价之前首先需要制定用来评价的"量规""检核表"。所谓"量规"是指一种界定清晰的、用来对学生的表现或作品进行评分或等级评定的评价工具。评价内容包括两个方面：对学生学习过程和学习结果的评价。评价凸显其诊断与服务功能，如为学生的学习提供反馈和指导，而不仅仅是为了选拔与区分。

真实性的课堂教学评价强调在贴近现实生活的情境中，为学生呈现开放的、复杂的、不确定的问题情境以及需要整合知识、技能才能完成的任务。真实性的课堂教学评价不仅考查学生对知识信息的积累与掌握程度，还会考查学生在真实情境下运用知识、技能的能力。

评价与日常教学相结合，成为教与学的重要组成部分。在真实性评价中，评价是由教师和学生共同参与的活动。学生不再是单纯的被评价者，而是评价活动的积极参与者。学生参与评价为其有效学习提供了良好的开端。

八、情感性原则

在进行英语教学评价时，应该遵循情感性原则。英语作为交际的工具，是表达感情的工具，教师的教与学生的学都是带着情感的，情感与教学有着密切的联系，情感差异导致了教与学的差异。评价英语课堂教学时，过分关注一次考试的结果，以分数作为评价学生英语学习成果、英语运用能力的依据，只能看到他是否掌握了必要的英语基础知识，不能评价他是否会用英语来表达自己的丰富感情。但是英语课堂教学脱离不了情感，因此，我们需要在评价中强调情感教学，要注意情感对教学的影响，要注意学生的心理体验。在评价学生时，教师要带着积极的情感关注学生的进步、善待学生，让学生从评价中获益。

第三节 高校公共英语课堂教学评价的创新方法

一、自我评价法

（一）自我评价的概念

评价是一种有计划的和有意识的活动过程。教师和学生通过收集信息、整理信息、理解信息和分析信息来推断和做出合理的决策，并采取有效的方式方法来改进教学和学习策略。评价就是评价理论在教与学实践过程中的运用。科学合理的评价能够有效地促进师生的教与学，激发其工作、学习的兴趣及信心；并且教师也可以根据反馈进行自我改进。评价对教师和学生而言，无疑是互利共赢的。评价是一种积极的、系统的过程，需要师生收集学习信息、分析学习行为，从而不断提升教学水平和调节学习策略。评价有四个核心步骤：收集学生学习信息、理解和分析信息、做出教育决策、调整和改进教与学。由此可见，评价并不是注重对结果的评价，它强调的是对动态的学习过程的学习信息进行自我收集与分析，从而不断进行自我调节。评价中的表现性评价注重的就是学生的学习过程和能力的展示与评价，可以促进学生所学语言知识和技能的融合，最终达到"知行合一"的境界。综合而言，评价是促进学生深度学习的一种策略，它是一种对教师的课堂教学情况和学生的学习情况进行具体的分析、归纳并总结的活动过程，是师生处理学习信息的一个重要工具。通过评价活动，教师和学生可以获得反馈信息；根据这些反馈信息，教师能够不断精进自己的教学，学生则可以对所学知识进行深层次的学习，即深度学习。

自我评价作为评价的一个重要组成部分，对教师教学和学生学习有着促进作用。国内外有不少学者也逐渐将研究焦点转向自我评价，并对其概念进行了界定。事实上，自我评价理念早在孔子《论语》中的"吾日三省吾身"中就有所体现，"己所不欲，勿施于人"这句话中也包含着自我评价思想。但是，《论语》里面所体现的自我评价意识强调的是人的思想道德建设和个体的修身养性。这是自我评价最原始的形态。随着学科的不断发展和分化，自我评价在不同的学科领域有着不同的内涵，但在本质上还是一样的。教育学领域的自我评价是指学习者对自己的心理活动、行为认知等的判断和评价。具体来说，学生自我评价是指在学习过程中学生所做出的自我判断，可以被当作一种学习性的自我评价。从学生自身发展的角度来看，自我评价是指个人依据一定的标准对自己进行价值评估。从过程性学习的角度来看，学生自我评价往往与对学习行为表现的评价（表现性评价）相关联，这有利于促进学生的进一步发展。教师可以正确引导学生参与制定评价标准，明确评价目的，树立评价意识。通过自我评价，学习者可以根据学习信息进行自我诊断，分析自身存在不足的原因，并寻求改进的策略。此外，也有学者认为，自我评价是指个体对其自身的学习表现及行为所进行的一种动态的自我监控过程。其目的是让学生发现自身的不足，并加以改进；了解自身的优点，增强自信心；此外，学习者还要根据自我评价标准对学习表现进行分析，最终形成评述报告。也有学者认为学生自我评价通常包括学习者对他们的成绩和学习结果做出判断，它是一个学生通过收集信息对自己的表现进行评价和反思，并依据评价标准来确定自己的优势和不足的过程。美国心理学家布朗等人认为学生的自我评价不同于其他外部产生的评价，首先，这是一种由学生自己进行的内部实践，因此，在自我评价中，特别是在没有外部提示的非正式自我评价中，学生主导了整个过程，他们内部的价值观、想法、目标和技能是极其重要的。

借鉴已有的研究成果，结合笔者自己对学生自我评价的理解，笔者认为学生自我评价是指学生通过收集和记录自身的学习信息和学习表现，依据评价标准对自己的学习情况进行评判，找出自己在学习过程中存在的不足，从而结合教师的建议，不断改进，促进自身的全面发展。学生自我评价强调以学生为评价主体，是学生自己不断进行分析、反思的内化过程。学生自我评价要求学生具备一定的评价意识、评价知识和评价技能,这是目前大部分学生所欠缺的。因此,教师可以积极引导学生参与评价活动,鼓励学生参与制定评价标准,在进行评价活动之前,可以告知学生的评价目标,不断培养学生的评价意识。

自我评价提倡以学生为中心的教学理念,充分发挥了学生的主体意识,提高了学生的自我认知能力和学习参与度。国际著名学者柯克帕特里克在研究中发现,学生普遍认为教师在教学评价中处于权威地位,因此对自我评价持消极态度。因此,虽然很多研究证实了自我评价的有效性,但是也有很多学者认为自我评价受学生自身的语言能力限制,在实际教学中的可行性还有待商榷。

(二)自我评价的国内外相关研究

美国著名评价理论专家泰勒提出,教育评价的作用在于检测课堂教学活动是否达到已设定的教学目标。教育评价的发展主要经历了四个阶段:心理认知的评价、目标导向的评价、注重过程的评价、多元主体的评价。随后有学者对学生自我评分进行了研究探索,这也表明学者逐渐开始关注自我评价。随着教育评价的不断改革和发展,越来越多的学者逐渐将研究焦点转向自我评价。

有学者从写作教学的角度出发,认为学生自我评价主要包括阅读与分析写作素材、了解写作标准、进行自评、改进写作文本这几个步骤。若把评价的重点聚焦于学习内容,则在进行评价活动前,教师要引导学生解读评价标准;在评价的过程中,要给予学生进行自我评价的机会。罗杰斯主张学生的学习需要其不断进行自我评价。也有学者对自我评价在教学实践中的具体实施步骤进行了探索,通过分析后了解到学习者的自我评价素养还有待提升,在写作时也不能自主地进行构思。美国心理学家海斯等人发现,优秀的写作者能够对自身的写作文本进行有效评价且能够进行自我修改;学习能力较低的学生难以辨别作文文本中的实质性错误。但是大部分学生的自我评价意识不强以及自我评价素养还有很大的进步空间,他们认为自己的职责只是完成写作任务;就算有的学生会进行自我检查,但也只是简单地检查书写格式,很难会进行深度思考。

还有学者提出自我评价实践模型,该模型包括五个维度:评价信息来源,对评价信息的解释,对评价信息的反应,评价外部和内部的条件和影响,紧张关系。前三个维度描述了数据是如何收集到的,如何解释这些数据,从而为自我评价提供信息;紧张关系是指评价主体由于外部和内部数据及条件的竞争而产生的压力。该模型将自我评价理解为一种实践,涵盖了自我评价的重要方面,如信息(反馈)在自我评价中的作用,但是该模型没有明确地确定学生在不同阶段的共同评价行为。因此，有学者提出自我评价实践应该包括两项主要行为：自我导向寻求反馈和自我反省。自我导向寻求反馈是指学生主动从各种渠道寻求反馈并承担责任的过程，反馈的好坏由学生自己决定，而不是遵循外部指令。由此可以看出，大部分学者从实证研究方面来论述和验证自我评价方法（策略）在教育领域中的运用。

教学评价的发展趋势是目标取向、过程取向、主体取向。促进学生发展是课程评价改革的宗旨，在课堂教学中要积极促进评价主体多元化、以学生为中心，这也是发展性学生评价的显著特点。国内学者也逐渐将研究重心转向自我评价方法的研究。国内学者针对写作教学这一环节提出了一种综合自我评价方式（即过程评价与结果评价相结合），这在一定程度上提高了教师的写作教学效率和学生的写作效率。从英语写作教学的角度来看，自我评价能力的培养主要集中于学生自评意识、自评积极性以及自评素养这三个方面。有学者研究了在写作过程中学生进行自评的三个步骤：制定或确定评价标准和自评表、依据自评标准以及自我评价量表进行自评、自我反馈以及自我调节。还有学者通过调查中小学生自我评价能力的现状，发现其不足（学生自评知识不全面、自评水平参差不齐、不同年级学生的自我评价能力差异显著），探究其原因并提出相应的改进措施（增加有益体验、掌握多样方法，优化学生的自我评价能力结构；自评方式要因人而异，增强自评的有效性；积极营造轻松和谐的学习氛围，师生平等、民主，促进自我评价能力的提高）。也有学者通过实证研究探索不同的自我评价方式对学生写作有何影响：①自我评价在一定程度上能提高学生的写作成绩；②相比于其他不同的自评方式，写作结果自评方式更能提高学生自评的精准度。针对课堂自我评价的发展，有学者提出以下几点实施策略：①掌握基本方法（横向与纵向、书面与口头、显性与隐性相结合）；②明确参照依据；③注意合理适度；④把握评价时机。由此可见，我国学者也在通过实证研究不断摸索和探究自我评价在教育领域的运用和发展，从而促使教师教学水平和学生学习能力的进一步发展。

（三）学生自评的主要形式

自我评价主要指的是学生的自我评价，这种方法鼓励学生为自己的学习负责，鼓励他们勇于对自己在学习过程中的问题进行思考，使他们能够直观地看到自己取得的成绩以及需要提高的地方。教师通过与学生讨论他们的自评实施的过程与结果，可以使他们对学生的学习态度有一定的了解，也能使学生对自我的学习情况有清楚的认识。

1. 学生自评表

自评表是在课堂教学活动结束时对教学策略使用情况的一个评价。自评表的运用对提高教学评价的效率起着促进作用，而且操作起来也比较方便省时，只需在课堂教学活动结束时发给学生即可。

2. 自我学习监控表

自我学习监控表主要用于监控学生的学习行为，而且在英语教学的任何一个单元的学习过程中都可以使用该监控表。下面我们就来研究其具体的操作步骤。

首先，自我学习监控表在使用前，教师应该向学生介绍该监控表的用途和操作方式，也可以在每一个单元学习之前都对该监控表的使用方法进行介绍，以确保学生有效地对其进行应用。

其次，在开始学习一个单元之前，学生首先根据自己的实际情况自行选择想达到的等级；然后学生在活动一栏中写上他们要完成的活动，这时需要注意的是学生在计划时，一定要保证这些活动能为他们取得足够的分数；接下来学生需要进行的是在学习过程中参照自己预先制定的目标，在完成活动的过程中及时标明自己的进度，这样可以为今后行为的调整做参考。

最后，自我学习监控表中的目标完成的过程是学生的自主行为，但教师如果采取袖手旁观的方法也是不可取的。这时教师需要做的是时常提醒学生检查自己目标达成的情况，为他们调整下一步的行为做些许的建议或指导。

自我评价是终结性评价的重要手段，其能够检测出学习者在一段时间的学习后的效果，为日后的学习指明方向。

3. 自我提问单

自我提问单可以使学生养成自主学习的好习惯，同时还可以监控学生对各种学习策略的使用。

二、师生合作评价法

（一）师生合作评价概述

师生合作评价是文秋芳团队基于教学中产出任务多、频次高的难题而提出的一种及时、有效的新评价方式。就评价主体而言，师生合作评价提倡"师生合作"，与一般意义上的多元评价方式不同，并不是两种或多种评价方式的简单叠加。师生合作评价既强调教师评价的专业性引领，同时也注重全员多种形式参与，尤其是发挥学生主体的主观能动性。评价过程既包括学生自己独立的思考，也有小组交流、大班集体讨论等。丰富多样的活动能充分调动学生主体的参与度，以便实现师生合作、生生合作，共同完成评价，努力实现"评学结合"，提高教学效率。

师生合作评价作为一种新的评价方式，对教学实践有着重要的影响。师生合作评价是一种创新型评价模式，此种教学评价模式能够让教师对学生的每一个产出任务都给予及时、有效的反馈，主要是为了应对当前我国大学英语班级中人数众多和教师工作负担较重的现实状况。

评价的目的是促进学生课堂主体地位的发挥，将评价与学生的学习有效地联合起来，从而达到"以评促学"的目的，而不是简单地记录成绩。师生合作评价与传统教学评价中的"评教分离"有所差异，它倡导的是评价与教学的高效组合，它是课堂教学的扩展与升华，要求教师必须做到"教什么就评什么"。师生合作评价与传统的"评学分离"同样具有相当大的差异，它倡导的是"评价与学习相交融"的思想，即"在评价中学习"，也就是说"评价过程就是学生的学习过程"。评价是"教学与学习中必不可少的关键环节"。

（二）师生合作评价的步骤

1. 课前准备

学生在课前根据教师的要求独立地完成输出任务并上交输出成果后，教师要进行五项主要工作。

①找出合适的样本。所谓合适的样本，是指中等质量的学生输出成果，即输出成果有可修改、可评价的空间；上等质量的输出成果，可修改和评价的地方较少，不利于学生进行反思学习；而质量较差的成果需要修改和评价的地方太多，会占用较多的课堂时间，导致学生"疲惫不堪"，影响教学活动的开展以及学生学习的效率。

②评阅所选的样本。选出合适的样本之后，教师以所设定的教学目标为评阅依据，逐个审阅所选样本中教学目标的实现情况。教师在进行审阅时，需要有目的地选择评价重点，这样可以有效地避免出现教师的审阅达不到预期效果的问题。

③选择师生合作评价的评价要点并设计具体明确的课堂教学评价的实施步骤。根据教学目标，教师每次可以选择不同的评价要点。课堂时间是固定不变的，因此有选择性地进行评价比那些面面俱到的评价更加高效。

④准备学生课内评价的书面材料。首先，教师应该在课前复印所选择的评价

样本，即学生原始的书面产出内容。其次，教师需在所选的评价样本上罗列出需要学生思量与考虑的题目，并且罗列出评价的核心要点等。

⑤设置当堂练习题目。教师根据课上要评价的要点和难点以及教学目标，设置适量的对应练习来帮助学生了解和处理其在写作活动中出现的比较普遍和广泛的问题。

2. 课内实施

师生合作评价模式在教学中的实施是关键的一环。在实施过程中，教师首先要向学生讲清评价对象、标准以及主要的实施环节。教师在课前准备阶段就已对整体的评价任务进行了划分，主要包括以下几个环节：首先是个人进行独立思考，其次是进行同伴或小组商讨，最后是教师引领的全班交流活动。在这一过程中，教师需要注意的是要做好随时参与学生讨论的准备。倘若把每一个小环节的完成看成一个小循环，那么一堂课就是由若干个任务循环所构成的一个大循环链。

详细来说，学生在拿到教师所选的评价样本后，应先根据评价要点进行独立评价，然后再进行同伴或小组商讨。在学生的小组讨论结束之后，教师应迅速引领全班学生一起讨论。在讨论过程中，教师不仅要注意激励学生发表不同的见解和意见，还要做好随时参与学生讨论的准备，引导他们清楚地阐明自身的观点。在课堂的最终环节，依据课堂教学的实际情况以及评价过程中普遍出现的问题，教师需引导学生完成课前设置的有针对性的当堂练习，以巩固并夯实相关的知识内容。

这种学生单独思考、同伴或小组商讨以及教师引导并参与的评价方式具有非常明显的优势。首先，教师在课前做好了充足的准备，细心挑选出了要评价的要点和难点，这就使得要评价的内容清楚明了，大大地提高了课堂时间的利用率。其次，学生对评价样本独立地提出自己的评价意见，这一环节能够提升学生对评价材料的理解深度。再次，学生通过商讨交流可以比较和选择不同的评价方案，从而扩展学生的思路，使其不仅能知其然且能知其所以然。最后，教师从总体上进行专业引导，让学生进一步讨论交流，使学生的作品评价质量更进一层。当学生评价修改的样本质量超过教师时，教师可以坦诚地告知，这会对学生产生较大的鼓舞作用，使他们信心大增，提高课堂学习效率。

3. 课后活动

师生合作评价相对于其他的评价形式具有显著的优势，但是它并不完善，必须用其他评价形式加以辅助，如学生自我评价、机器评价、同伴互评等。学生自我评价、机器评价以及同伴互评等仅仅能指出形式上浅显的错误，未能对书面作品中深层次的内容进行一定的评价。而师生合作评价正好能够填补这一缺陷，加强学生对评价样本的意义探索，提高学生对知识的掌握程度。

学生在课堂中听取并采纳教师和同伴的评价建议，这有利于学生的课后自我评价，会使得他们的评价更有目的性和指向性。学生在经过自我评价和同伴评价之后，再利用机器评价对所选样本进行评价并归档保存，这有利于教师对全班学生输出产品的质量概况进行一定的了解，从而有针对性地帮助学生处理写作中普遍存在的问题。在评价活动的最后，教师可抽选两到三篇优秀评价样本以供学生参考学习，实现"以评促学"的目的。

（三）师生合作评价的启示

1. 转变英语课堂教学观念

师生合作评价能够让学生参与到课堂教学评价当中，激发学生的学习热情。因此，教师也应该转变思维，转变英语教学观念，允许学生有自己的见解，鼓励学生在师生合作评价过程中认真地思考，勇敢地表达出自己的想法。所以，最重要的还是教师要改变传统的英语教学观念，从学生的实际出发，敢于尝试在教学中使用师生合作评价模式。

2. 充分发挥学生的主体作用

学生是课堂教学的主体，当然也应该是评价的主体。只有发挥学生在评价过程中的主体作用，学生才会认真地独立地思考，才会敢于交流，才能充满学习热情。让学生掌握评价的主动权有以下优点：首先，学生会认真和独立地进行思考，进而提高学生的英语语言能力和思辨能力；其次，学生能够提高交际能力，从而增加自信心；再者，通过同伴之间的交流，可以拓宽学生的视野，增加知识量，拓展思维；最后，能够增强学生的读者意识。

3. 充分发挥教师的引领作用

教师在师生合作评价中充当着重要的角色。虽然倡导学生做评价的主体，但是单一的学生评价存在着一些问题。例如，学生的知识储备量少，难以完成高质量的评价等。所以教师的引领就显得至关重要了。首先，教师可以在评价中给学生最专业的指导。教师是每次评价焦点的策划者，同时也在学生讨论后给出专业性的样本修改方案并进行讲解。其次，教师的介入特别重要。教师需要在评价过程中观察以及参与学生的讨论，当学生遇到问题时，给出专业性指导，这样才能保证课堂评价过程的顺利进行。最后，教师的引领作用表现在教师能够用多种方式鼓励学生积极参与到课堂教学评价的过程中去，所以教师是整个评价过程的监督者、调控者以及促进者。

三、诊断性评价法

（一）诊断性评价的概念

诊断性评价最早由美国著名教育家、心理学家本杰明·布鲁姆提出，是指在开展有效的教学活动前对学生的水平进行评估，以解决学生的学习困难和问题。他认为，评估是一种反馈—纠正系统，用来判断教学过程的每一步是否有效。一般情况下，教师在一个新的单元、新的学期开始之前会对学生的知识掌握程度、学习态度、能力水平等方面进行诊断。这一评价过程旨在发现学生在知识或技能各个方面的优势与劣势。评价重点不仅要着眼于学生现有的知识水平，还要从中观察到一些学生的薄弱环节与潜在问题。然而目前有些教师只进行诊断而不纠正，没有充分利用诊断性评价的优势来提高教学效率和学习成绩。因此，教师应该在诊断测试后，总结学生的弱点和潜在的问题，并设计相应的学习活动满足学生的需求。这种评价方法能够帮助教师准确掌握学生的学习情况以开展个性化教学，为接下来的学习任务指明方向。同时，学生及时收到反馈信息，有助于他们明确下一阶段的学习目标，灵活选择学习策略。

（二）诊断性评价研究综述

1. 国外诊断性评价相关研究

在《牛津英汉词典》中，"评估"指的是"对某人或某事经过仔细思考后的意见或判断"。20世纪30到50年代，美国教育家泰勒提出了"泰勒教育评估原则"，他主张以教育目标为中心将教育评估与教育区分开来测量。教育评价是指对学习者发展变化的有价值的判断。教育评估的方法有很多，如对学生学习过程的诊断、测量和评价。与此同时，美国当代著名教育家与心理学家布鲁姆以其独到的教育思想在教育界独树一帜，他认为教育评估的目的是调整和改进现有的教学方法。若单独讨论其教育评价思想，从评价功能的角度出发，可以将其看作一个环状的链条式结构，即诊断性评价、形成性评价、终结性评价。各个环节既相对独立又各自发挥其作用。在这一教育评价理论体系中，诊断性评价居于首要地位。布鲁姆认为："诊断性评价是教学工作的一个基本组成部分。"即在传授新知识之前要弄清学习者的学习状况和薄弱环节,再针对学习者的特征和认知水平定制专属于他们的学习指南。简单来说,诊断性评价是一次事前摸底,从而在后续的学习环节中有的放矢,通过积极干预以提高学习者的学习效率和质量。

关于诊断性评价的目的和意义,国外众多学者在研究中提出了他们的见解,格隆德等学者指出"诊断性评价的目的在于找到顽固性学习问题的原因,再进行设计和执行补救行动"。诊断性评价以教学大纲或者教学目标为主要依据,被应用于教学的不同阶段。在国外关于诊断性评价的探索中,一个基于计算机的语言诊断测试系统 DIALANG 值得一提。这一系统由英国兰卡斯特大学的卡梅隆·安达森教授首创,由欧盟 25 家研究机构共同开发并覆盖了 14 国语言,DIALANG 是 diagnostic 和 language 两个单词的合成词。它依据欧洲语言共同参考框架和六个语言能力级别作为参考依据,检测听、说、读、写技能。这一系最突出的功能则是用于诊断学习者的语言水平和科研兴趣。教师可以根据检测结果向学生推荐合适的课程。该系统已在欧洲多个高校投入应用。安达森对这种测试评价的主要性质与特征也进行了进一步的研究,比如:诊断性测试更多的是关注不足而非强项;诊断性测试更注重具体成分而非整体能力;诊断性测试应结合详细分析并报告试题应答情况以反馈有价值的信息,有利于下一步查缺补漏。他还指出,"学生的动机、认知等因素并不是独立作用而是互相制约的,因此诊断需要从多方面进行,学生的不足之处并非单一成因的"。

综上所述,国外的诊断性评价研究对于其内涵与教学实践意义都进行了相应的阐述,并且指导教育者在今后进行诊断性评价时还应关注其他相关因素,如学习兴趣、动机、学习环境等。

2. 国内诊断性评价相关研究

评价一般是指对事物进行判断与分析后得出的结论。在教育的过程中,评价发挥着至关重要的作用。

首先,就研究内容而言,部分研究将诊断性评价与语言技能的某一方面相结合,其中诊断性评价与写作教学、听力教学、语音教学结合的文献较多,与阅读教学结合的文献较少。如胡忠坤基于对比分析和错误分析理论对学习者的英语写作能力进行了综合诊断性测评,结果表明英语写作教学在词汇、形态、句法和语篇四个维度存在负迁移现象。因此,为了更好地实现诊断性评价对英语写作教学的反驳作用就需要教师注重学生的反馈信息。赵彦芳将诊断性评价运用到大学英语写作教学过程中,该过程可以视为医生对患者病症的诊断过程,即发现问题、提出方案、解决问题这一过程。以上两位学者都将诊断性评价与写作教学相结合并取得了一定的成果。付蕾和汤欣则分别从高中英语听力以及培养英语学习者语音意识两个角度与诊断性评价相结合，并阐述了教师应用诊断性评价的具体步骤与措施。

其次，也有众多学者从实践应用角度对诊断性评价进行研究，主要体现在对诊断性系统与模型方面的探讨。如北京师范大学的武尊民教授就对诊断性评价多次进行深入研究，2011年，该学者在文章中论证了建立"学生学业成绩分析、反馈与制导系统"的重大意义，该系统被用于服务中小学课程教学。他认为这种评价系统以诊断评价原则为基础，有助于优化教学反馈方式，帮助教研部门诊断学校的教育质量以及提高教师的评估素养。2017年，该学者进一步阐述了诊断性语言测评对制定课堂教学决策的重要作用，并结合具体试题案例呈现课堂评价过程。陈新忠则探究了"优诊学"在线诊学系统，该系统利用阶段性测评分析学生对英语语言技能的掌握程度，并将结果反馈给师生，现服务于高中英语教学并且已收到较为理想的实践效果。此外，该学者还指出教师可以采用多种手段获取诊断性信息，如学习日志、同伴评价，并且还应关注学生在学习过程中对元认知策略的运用。以上两位具有代表性的学者分别探讨了两种诊断评价系统，进一步完善丰富了教学评价的方式。

四、多元化评价法

（一）多元化评价的概念及特点

多元化评价是一种综合性的评价方式，它将两种或多种评价方式结合起来。多元化评价可以有效弥补单一评价方式的缺陷，利用各种评价方式的优势，实现评价效益的最大化。

随着多元智能理论的发展，多元化评价开始被教师所接纳和使用。多元化评价是指综合运用多种评价方法，即评价方式的多元化，也就是指学生自评和同伴互评相结合的评价方式、定性评价与定量评价相结合的评价方式等。多元化评价是以创新为基础的教育评价，能促进师生创新素质的发展，使教师和学生的潜力得到开发，激励教师与学生超越自我、实现自我。

（二）国内外多元化评价研究现状

1. 国外关于多元化评价的研究

在20世纪70年代初，国外的教育评价人员逐渐发现单一学科评价模式存在一些局限性和问题。在传统教育评价中，学生的学习主要是由教师评价的，教师往往采用纸笔测试的方式，不利于学生的全面发展。形成性评价与多元化评价最初是由美国教育学家斯克里文在《评价方法论》一书中提出的评价方法。在他之后，教育家布鲁姆在课堂教学中首次使用了多元化评价。他认为，通过评价可以了解学生在学习过程中对知识的掌握状况，可以进一步提高教育质量。澳大利亚教育学家萨德勒提出，教师评价和学生评价各有各的优点，如果将两种评价方式结合起来，可以在英语教学评价中发挥更大的作用。这表明，评价主体需要由单一评价主体转变为多元化评价主体。

20世纪末，美国开始流行起了以多元智能理论为核心的多元化教学评价相关研究，多元化评价在世界各地的中小学评价改革中都取得了显著成绩。同伴评价可以达到与教师评价一样好甚至更好的效果，因此评价的主体得到了极大的关注。多元化评价通常由表现性评价、真实性评价、替代性评价、组合性评价等组成。

美国学者琳达·坎贝尔等人合著了《多元智能教与学的策略》一书，旨在将多元智能理论应用于教育评价。她主张评价不应单调地反映学习效果，而更应该呈现学习过程，学习评价的展示方式也应是多元化的，用来描述学生在不同时段学习的变化和发展情况。

世界各国不断吸收最新的评价理念，使得多元化评价理念不断发展成熟。美国主张评价需要知识和能力并重，同时还要注重知识的系统性和完整性；主张评价主体多元化；还力主在评价目的、内容及方式等各方面实现多元化。日本针对学生学习做了一系列研究：首先，不断修正指导学生学习的要领，将自评的概念引入其中，从评价内容与方式上体现学生主体性；其次，不断改进评价方法，大多学校都采用5分或10分制评分。德国实施的学习评价策略也反映出多元化评价理念：不仅需要考虑校内学习成绩，还需要考虑校外综合素质成绩，实施多元化成绩评价；在评价中引入学生自我评价机制，营造积极向上的学习气氛，从而达到增强学生学习信心的目的。

2. 国内关于多元化评价的研究

相比于国外，国内的教育评价研究起步较晚，对多元化评价的研究也比国外晚。我国学者对多元智能理论展开研究始于1999年的加德纳的《多元智能论》的中文译本的发表，近几年有许多学校针对多元化评价进行了实证研究。

一些教育学家把国外关于多元化评价的书籍翻译成中文介绍到国内。夏惠贤翻译了美国教育家合著的《多元智能与多元评价：运用评价促进学生发展》。

国家基础教育课程改革"促进教师发展与学生成长的评价研究"项目组翻译了《有效的学生评价》。这些书不仅介绍了多元化评价的理论知识，还介绍了有关于多元化评价的应用方法，对多元化评价在国内的应用和发展起到了重要的推动作用。

赵明仁认为，对于形成与推进学生发展的教学评价，多元智能理论和建构主义理论发挥了重要作用，优化教学评价既要以主体性、发展性及完整性为原则，又需更关注多元性、过程性及主体性的特征。杨丽以多元智能理论为理论基础，对"多元智能理论对学生评价的启示"进行了研究，指出了学生评价体系存在的不足之处。李风华认为，多元智力理论不仅有益于教师充分了解与挖掘学生的潜能，还能通过多元化评价来展示学生的学习成效。他还认为评价不能仅仅停留在学习结果上，而要促进学习，为教学进展提供信息。张国祥在其著作《多元智能评量：两项开创性的校本试验研究》中结合课程解释了如何将多元智能理论与教学评价相结合，为教育改革提供了素材。

综上所述，国外学者从多个方面对多元化评价进行了阐述，如评价的主体需要多元化、独立学习和合作学习有机结合、需要在评价中应用多元智能理论等。他们比较重视学生的主体地位，尊重学生，积极改变原有的单一教师主体评价学生的模式，重视教育评价改革，致力于将多元化评价应用于教育评价，还力主在评价的目的、内容、主体及方式等各方面实现多元化，以此来弥补教学中的不足，更好地促进学生的全面发展。但大多数多元化评价研究是理论层面的研究，缺乏教学实践中针对性较强的应用研究，如针对学生学习的研究或单一学科领域的研究等。

国内关于多元化评价的研究起步比较晚，但发展迅速。随着新课程改革的开展，国内的学者认识到应该尊重与理解每位学生的差异，根据不同学生的学习风格和学习习惯因材施教，使每位学生得到全方位的进步与发展。因此，教学评价成为我国基础教育课程改革的内容之一。有关教学评价的发展趋势证明，评价越来越以过程为中心，以学生为中心，换言之，新课程标准规定评价过程要注重学生的全面发展，而单纯的评价方式难以实现这一要求。因而，随着形成性评价体系的完善，多元化评价成为许多研究者的关注点之一。

（三）高校公共英语课堂教学多元化评价体系

高校建立一个科学完整的评价体系是十分重要的，这样可以更客观地反映教学状况，教师更加重视英语教学，同时也符合建构主义理论和人本主义理论的要求。对于高校公共英语教学活动来说，其特别需要构建多元化和科学性的评价体系，以此更为有效地支持教学工作的开展。

1. 建立学生评价体系

以传统的英语考试成绩作为对学生评价的主要标准的评价方式不利于激发学生的学习积极性，也影响到英语教学的质量。而当前高校的评价方式应当以学生为主体，不能以成绩作为唯一的评判标准，而应当从学生的个人能力、实践能力、课堂表现以及个人智力等多方面综合对学生做出评价。如高校英语教师可以根据学生在英语课上的表现做出合理评价，对课下英语实践的结果做出评价，再结合个人的智力和能力以及日常测评结果，综合起来做出一个最终的评价。这样的评价具有一定的科学性，同时也可以激发学生学习英语的积极性。

在高校公共英语教学中，教授学生英语知识和技能是教学的基础，同时不能忽略对学生自身综合能力的培养，如思维与分析能力、爱岗敬业的精神、语言表达与协作能力、求知创新能力、言谈举止大方得体等。这些能力能使学生具有良好的职业素养，从而更好地融入社会。教师要重视对学生这些能力的考察，对表现优秀的学生提出表扬，对能力尚有欠缺的学生帮其弥补不足，同时以分数的形式做一个记录，这些记录将会计入学期末的综合考评中。高校公共英语教学应该将培养学生的就业素质融入人才培养方案当中，重视素质教育过程，制定引导学生发挥自身能力的考核评价机制。

在高校公共英语教学中，合理的评价对学生的影响非常大。企业在校园进行招聘时，大多会看学生的日常评价，用人单位关注的是学生的日常行为表现以及是否能够适应社会发展的需要，重要的是能否适应工作岗位需要。成绩体现的仅仅是学生在某次测评中的表现，不具有过程的观察性，不能从发展的角度去评价学生。因此，高校英语教师对学生的评价应该有一个完整的过程，并且应从多方面评价学生，将学生完整的评价正确地传递给用人单位。

2. 建立教师评价体系

高校建立一套科学的教师评价体系，可以激励英语教师学习和进步；不合理的教师评价体系，则会取得反向的效果。因此，高校一定要建立一个多元化的教师评价体系，激励教师改革教学模式。高校英语教师的评价体系也应该逐步完善，以教师在课堂和日常教育活动中的表现作为主要评价标准。

高校应该让教师形成竞争意识，不断进行学习和提高。作为一名公共英语教师，多种可能性都将直接影响到每一位在职教师今后的教学生涯，这就要求每一位英语教师必须不断提高、努力学习、不断进步，逐渐改革自身的教学模式，增加自己的知识储备，避免被学校所淘汰。高校教学工作的各方面要相互配合、积极合作，激励全体教师化压力为动力，为学校的发展做出贡献，与学校共同前进。

3. 建立以企业为主体的社会评价体系

首先，加强对学生英语应用能力的考评。为了获得社会对高校毕业生应用能力更高程度的认可，加强"以就业为导向"的公共英语教学效果，从而提高学生在就业中的适应性成了高校目前需要落实的举措。在这种情况下，单一的卷面测试已经不能满足社会对学生能力的要求了。学生的英语应用能力将成为教师考核的重点，这样就打破了传统教育中以笔试成绩决定未来发展前途的模式，在培养学生的应用能力上更注重提升学生的听、说、读、写等综合能力。学期中的考试分为两部分：第一部分是基础知识考试，就是考查学生书本知识的掌握情况，测试学生的功底如何；第二部分是应用能力测试，考查学生在专业岗位中能否灵活运用学到的英语知识。应用能力测试根据教学需要可以包括专项能力考试，如采用朗读、对话、表演、口译、讨论、竞赛等形式，或者在课堂教学中鼓励学生活学活用，随时计分以调动学生的积极性，鼓励学生参加校内外英语听说等技能竞赛，按成绩划分档次，计入学生成绩考评中也是很好的方式。对于制定最后一个学期的考核标准来说，必须从实际出发，全面考查学生的综合英语水平。校企合作推出的"2+1"人才培养模式，旨在加强学生的英语实训技能。学生从学校习得理论知识，并在企业的支持下提高自己的实际动手能力。最终由企业和学校共同评价学生的英语技能和实际操作能力，也要按一定比例归入学期总评中。校企合作的人才培养模式体现出高校公共英语教学的就业导向发展趋势，而且其评价结果就是学生在就业时展示英语应用能力的强有力的说明。

其次，高校在完成自身教学质量体系建设的同时，还要建立以企业为主体的社会评价体系，主要是吸引校外力量参与校内教学质量评价。高校建设的目标就是培养具有综合素质和综合技能的人才，满足社会发展的需要，因此社会中的企业逐渐参与到高校的教学质量评价体系中是非常有必要的。能够参与教学评价的主体客观上都是教学利益的相关者。在教学质量评价中，评价的主体常常是学院、教师和学生。而在学生毕业后，考核教学质量评价效果的是社会和用人单位，而社会和用人单位在一定程度上较少参与到教学评价活动中。而教学的真正效果最终要在社会和用人单位的工作岗位上体现。因此，只有建立完善的以企业为主体的社会评价体系，才能给高校的教学质量评价进一步明确方向和重点。在原有的教学评价体系当中，高校的评价主体往往是学生和教师，教师名义上成为教学督导，但是它还包括了另外一层身份，就是被评价者，二者具有一定的相关性，因此，在其评价体系当中很难真正做到客观公正。此外，教学督导有其自身的专业领域或者视野，在评价不同的专业时会出现专业盲区导致的偏差。如高校一般聘用退休老教师承担教学督导工作，退休教师有其自身优势，其教学经验丰富，责任心强，空余时间多，但由于其年龄较大，离开教学岗位时间久，与新发展的教学方式、教学体系和教学理念有一定的代沟，进而无法全面了解现代学生的思维和上课的反映。退休老教师担任教学督导时不能做到与时俱进的客观评价，在一定程度上跟不上时代的发展步伐。

总的来说，高校的院校教学督导队伍中应尽可能考虑邀请企业专家和用人单位的加入。同时，还需进一步建立健全用人单位的评价机制。在教学质量评价中引入用人单位的后续评价和建议，那么就可以在教学大纲中进行相应的修改，对课程设置进行完善，既实现了英语教学的职业化，又保证了高校公共英语教学质量评价的良性循环。

五、表现性评价法

（一）表现性评价的定义

尽管表现性评价有着悠久的历史渊源和丰富的现代理论基础，并且作为教育评价改革的重点课题已经在教育领域开展了长期的实践。但到目前为止，教育界对于表现性评价的定义并没有形成一个统一、公认的看法。

20世纪80年代以来，以美国学者古贝和林肯两人合著的《第四代评估》为标志，西方国家教育领域进入第四代评价阶段，而表现性评价亦为第四代评价方式的一种。表现性评价的基本思想：如果我们想知道某人是否可以做某事，可以观察他的表现。美国学者斯蒂金斯是表现性评价领域的先驱。他在20世纪80年代末致力于表现性评价的研究和实践。斯蒂金斯指出，"表现性评价是基于对展示技能的过程的观察或基于对创造的成果的评价"。斯蒂金斯为测评人员提供了指导：如何应用明确的绩效标准和评分规则对学生进行公平评价，如何运用表现标准和评分规则来提高学生的表现水平。同时，其具体的考核标准、客观的评分规则、灵活的考核方法和有效的考核结果受到教育界的高度评价。美国教育学者威金斯强调，表现性评价要求学生完成一项活动或制作一个作品以证明其拥有的知识与技能等，即主张让学生在真实情境中去表现其所知与所能。这些生成的学生作品和成果通常可采用不同的形式，如口头汇报（演讲、辩论、小组讨论和模拟谈判等）、技能展示（独奏会、体育活动、音乐会等）、基于课堂的工作（实验或独立研究项目）。

国内学者针对表现性评价的内涵提出了不同的见解。王小明指出，表现性评价有时又叫非传统评价或真实性评价，这些术语含义相近，但各有侧重。非传统评价是指与标准化成就测验及多项选择题相对立的一种评价。真实性评价则强调学生运用知识，强调使用现实性的问题。赵德成等人的研究著作中指出，表现性评价通常要求学生在某种特定的真实或模拟情境中运用先前所获得的知识完成某项任务或解决某个问题，以考查学生知识与技能的掌握程度，或者问题解决、交流合作和批判性思考等多种复杂能力的发展状况。王斌华指出，表现性评价不同于纸笔测试，主要用于纸笔测试难以测试的结果，它不仅要评价学生"知道什么"，而且要评价学生"能干什么"。陈彩虹将表现性评价定义为"以现实世界为背景，以真实生活为素材，在真实的或模拟真实的情境中，运用评分规则对学生完成表现性任务的过程和结果做出判断，以促进学生新的能力的再生长的评价"。周文叶认为，建立概念框架、确定评价目标、构建表现性任务、设计评分规则等是表现性评价设计的基础和关键部分。

不同学者对于表现性评价的内涵各抒己见，因此，基于国内外学者的观点，笔者认为表现性评价是强调学习者"应会"的评价模式，即在真实或虚拟的情境中，学习者能够运用所学知识解决情境中出现的问题。

我国教育部基础教育司将表现性评价定义为教师让学生在真实或模拟的生活情境中运用先前所获得的知识解决某个问题或创造某种东西，以考查学生知识与技能掌握的程度，以及问题解决和交流合作等多种复杂能力的发展状况。

（二）表现性评价的构成要素

一个完整的表现性评价主要包括评价目标、表现性任务、评分规则这三个主要部分。

1. 评价目标

评价目标指的是期待学生所达成的学习结果。不同的评价方式所匹配的评价目标也不同。表现性评价可以检测到以纸笔测验为代表的传统评价方式所无法检测的复杂的学习结果。因此表现性评价的目标首先是复杂学习领域的目标。其次，表现性评价需要学生综合而又灵活地运用所学知识，开展各种探究活动，从而完成任务或者解决问题，而不是让学生简单回忆知识。因此，表现性评价的评价目标应该是那些需要学生进行持久理解的目标。美国教育家威金斯指出，符合以下四个条件的目标才是需要学生进行持久理解的：首先是大观念，即有超越课程内容的持久价值；其次是居于课程的核心地位；再次是由学生自主发现的；最后是能为学生提供活力的。

2. 表现性任务

表现性任务和所有的评价任务一样，都是为了检测学生特定目标的达成情况而设计的作业，通过观察并分析学生的行为表现，以此作为评价学生学习情况的依据。表现性任务的基本要素是任务的刺激情境和对应答的规定。表现性任务的情境创设是对表现性任务的背景说明和价值介绍。情境通常由背景核心问题构成。背景就像诱饵一样吸引学生，激发学生对表现性任务的兴趣，而核心问题是需要学生通过自主探索解决从而完成所期待的目标，核心问题应该是开放的、复杂的，值得学生去研究的。对应答的规定又称为任务指导语，任务指导语旨在通过语言描述帮助学生了解自己应该做什么，以及最后需要怎样的表现，如需要学生完成一份书面调查报告。任务指导语在具体描述时需要考虑到学生的特点以及完成任务所需要的帮助。

3. 评分规则

评分规则是由评价者与被评价者相互协商设计并开发的描述性评分方案，是描述被评价者表现水平的工具。

作为选择性反应评价方式的传统纸笔测验评价的答案往往只有一个或者是固定的，因此教师可以较为迅速地对学生的回答进行评价，而表现性评价却与之存在较大的差异。首先，表现性评价由于其表现性任务存在情境性、多样性和复杂性等特征，所以其答案并非单一固定的，不能用答题机的方式来评分，这就会导致教师对学生的评价时间过长、评价不及时等问题；其次，不同层次的学生其知识技能掌握水平、认知思维水平等都存在较大的差异，因此会存在教师如何能够及时给予不同层次的学生有差异性、有针对性的评价的问题。作为建构性反应评价方式的表现性评价与传统纸笔测验评价存在诸多不同，这就意味着教师如何对学生的表现进行评价成为一个难题，如果教师单纯地以自己长期的教学经验来进行判断未免过于主观，因此为了保证表现性评价的客观合理，教师需要事先开发能够判定学生不同表现特点的评分记录工具。由于评价目标、任务的不同，评分记录工具也有所不同。最常见的评分记录工具分别是核查表、等级量表和评分规则。其中与表现性评价最为适配的便是评分规则。

不同的评分规则存在不同的结构，但通常评分规则必须包含以下四个部分：表现维度、表现等级、描述符、表现样例。表现维度是其中最为重要的部分，其表明评价某个表现应该从哪几个方面展开，如在NWREL（西北地区教育实验室）数学评分规则中就将数学表现分为概念理解、策略与推理、计算与执行、表达和深刻性共五个维度进行评价；表现等级则是表明不同维度的不同表现水平，通常用阿拉伯数字或者优秀、合格、不合格来表示，并且表现等级一般分为三个或六个级别；描述符则是对不同表现等级的具体描述；表现样例则是体现评分规则中不同等级表现的实例，实例可以由教师直接提供，也可以选取学生的实际作品，实例可以通过更加直观具体的形式帮助学生理解评分规则。

依据不同的标准，评分规则可以分为两大类。基于评价的方式来划分，评分规则可以分为整体评分规则和分项评分规则。基于评分规则的适用范围来划分，评分规则可以分为一般评分规则和特定任务评分规则。

整体评分规则是指先明确影响学生整体表现的重要因素并描述出不同的表现水平，最后给出一个总体的评价描述。简单来说，就是对学生的整体表现进行评价描述。整体评分规则的优点在于评价的效率较高，在较短的时间内，评价者能够对被评价者的表现水平形成整体认识。但通过整体评分规则，评价者无法详细分析学生表现的优缺点，被评价者也难以获得更为详细的反馈来进一步改进自己的学习策略。

分项评分规则是将学生整体表现分解为不同的维度，然后分别对不同的维度进行表现水平的描述。与整体评分规则相比较，分项评分规则由于对学生整体表现进行了主要维度的分解，借助细分的维度，评价者和被评价者能更快地找到评价的关键点，确定自己的优点和缺点，也有助于被评价者依据各个维度来展开自我评价，因此分项评分规则能为评价者与被评价者提供更具针对性、更详细的反馈。

一般评分规则强调评分规则的通用性和可重复性，一般评分规则能够重复应用于类似表现性任务的表现性评价中。

特定任务评分规则强调评分规则只适合特定的任务，特定任务评分规则不能够重复使用、针对性强，且适用范围小。

（三）表现性评价在英语课堂教学中的应用

1. 在英语口语教学中的应用

陈青清在其论文《表现性评价在英语口语交际能力评价中的运用》中基于英语口语交际能力的实际问题，通过对表现性评价相关理论的研究，设计出英语口语交际能力表现性评价的框架,并运用案例研究的方法探讨了如何将表现性评价运用在英语口语交际能力评价之中。徐琳芳在其论文《表现性评价视角下的大学英语口语教学设计》中在分析大学英语口语教学现状和表现性评价的相关理论的基础上,论证了在英语口语教学中应用表现性评价的可行性,并提出了基于表现性评价的大学英语口语课堂教学模式,并通过案例研究的方式表明表现性评价能够提高大学英语口语教学的质量,完善英语口语教学实践。段思雨在其论文《表现性评价对大学英语口语学习的影响研究》中采取质性研究和量化研究相结合的方法分析了影响大学生口语表达的因素,并研究了表现性评价对大学生口语学习的影响,其研究结果表明,表现性评价对大学生口语学习有促进作用,特别是在用英语表达时的自信、学习英语的主动性和兴趣以及对评价的重视程度方面。

2. 在英语写作教学中的应用

朱君君在其论文《表现性评价在高中英语写作教学中的应用研究》中在多元智能理论的基础上分析了表现性评价的相关理论,并提出了将表现性评价运用在高中英语写作教学中的具体模式以及步骤,通过实验研究的方式论证了其应用效果,即表现性评价能够有效地提高学生的英语写作能力、激发学生的写作兴趣以及提高教师评阅的效率。张红冰在其文章《表现性评价在写作教学中的应用》中分析了当前非英语专业学生写作教学的困境,提出了表现性评价在写作教学中的应用步骤,并通过实践表明了表现性评价如小组讨论、同级评改能使学生受益。周琰在其文章《表现性评价用于大学 EFL 写作教学研究》中在分析原有的以教师为中心的教学与评价模式不足的基础上,通过对表现性评价相关理论的研究提出将表现性评价应用于大学写作教学的具体步骤,并通过实际运用发现表现性评价能提高学生的英语写作水平、促进学生的自我发展、帮助教师更好地实现教学目标的三维目标。

3. 在英语阅读教学中的应用

表现性评价在阅读教学中的应用的相关研究很少。王莉在其文章《表现性评价在高职高专英语阅读教学中的应用》中详细介绍了表现性评价的相关概念,在这一基础上论证了英语阅读教学中使用表现性评价的意义,提出了高校高专英语阅读教学中表现性评价的设计步骤,并通过实践表明表现性评价在高校高专英语阅读教学中的价值。孙妮在其文章《表现性评价对英语阅读能力评价的价值分析》中对英语阅读能力评价的现实困境进行分析,并结合表现性评价的相关理论探讨了表现性评价的应用价值。

第六章 高校公共英语教师专业素质的提升

本章分为高校公共英语教师的基本角色、高校公共英语教师的素质要求、高校公共英语教师专业素质的发展路径三个部分。主要包括教师角色及高校公共英语教师的角色，高校公共英语教师的语言素质、教学素质、文化素质等素质要求，加强教师专业技能培训、提高教师实践教学能力以及加强教师教学常规管理的发展路径等内容。

第一节 高校公共英语教师的基本角色

一、教师角色

（一）教师角色的演变

在我国历史文化和时代的变迁中，教师角色的含义经历了从知识的传播者到能力的创造者的演变。韩愈在《师说》中将教师角色定位为传播知识、解答疑惑的人。在早期的传统教学中，教师主要扮演知识的传播者的角色，教师的作用也被定位为"教书育人"。近代以后，尤其是中华人民共和国成立以后，教师不仅是知识的化身和道德的楷模，还肩负着"培养社会主义建设者和接班人"的重任。改革开放以后，教育和知识呈现多元开放的形态，素质教育的推行也对教师提出了新的要求，教师在教学中扮演能力的创造者的角色，注重学生综合能力的培养。

教师角色的演变受不同历史时期的不同教育目的的影响，通过阅读相关研究资料，笔者发现国内外关于教师角色所进行的大部分研究是通过在特定的教学模式和课型中描述、总结和归纳教师所承担的身份的方式来进行的。

布朗在《根据原理教学：交互式语言教学》中将教师角色概括为控制者、管理者、导演、信息源和促进者。

美国学者帕特尼和布劳顿共同探讨了在帮助学生培养集体效能感时，教师在团体中可以担任组织者这一角色。

张卫东通过分析我国教师角色的现状，发现教师角色存在受旧的教学观影响而定位单一、静态等问题，进而提出"转变教育观念，创新教师教育体系"等具体的措施。

黄怀丽在研究中将教师角色与合作学习模式相联系，认为在合作学习中教师要把握好介入学生的小组合作中并给予适当的方法指导的时机，并总结了在合作学习模式中教师的角色应该定位为目标任务的制定者、学习过程的协调者、学习问题的指导者和学习成果的点评者。

（二）教师角色的研究

1. 角色的研究

国外有关角色理论方面的研究最开始要追溯到美国著名的哲学家和教育学家米德，米德认为，角色是戏剧演员在舞台上按照编剧事先编写好的剧本进行表演的一种角色扮演形式。角色是演员在戏剧舞台上扮演的一个特定人物，是一种固定的身份。从这个角度看，角色主要有两种含义：一是指当某一个演员扮演某个特定角色的时候，他所体现出来的一系列的言行举止和行为模式，是一套标准化的形式；二是社会对于这个演员所扮演角色的一种期望，即社会大众希望这个演员相对应的角色能够达到他们所想要达到的目标。随着时代的进步，人们慢慢地把角色的两种含义进行推广，应用到社会生活的每一个领域。

关于"角色"这个词，国外学者给出了很多种概念界定。虽然有关"角色"一词的定义非常多，但是总结起来一共有两种观点：一种观点是关于角色的社会学方面的定义，该观点认为角色是人与人在社会关系交往中衍生出来的一种特定的身份，即人与人之间的互动以及个体本来处在社会中某个特定的位置而相对地被赋予的一种特殊身份。同时他们认为在社会中，每个角色也应该依照社会的规范行事，不能违反社会固有的原则，这是社会对个体所扮演的角色最基本的要求。另一种观点是从社会心理学的角度来解释角色的概念。这种观点主要是从社会个体的角度进行阐述的。该观点认为处于社会特定位置的个体应该表现出与个体身份相符合的行为规范，而且这是每一个个体都应该有的角色底线。由此可以看出，对于"角色"一词有着各式各样的解释。

虽然每一位学者对于"角色"这个词的概念界定有所不同，但归根结底，对于角色的定义大致上还是一样的，即认为角色是处在社会中特定位置的某一个体，根据社会发展的基本要求，被社会赋予的不同于其他人的一种特殊身份。由于社会要求的一致性，大多数社会成员的行为模式相对来说也比较相似，这就为推动社会的进一步发展起到了积极作用。因此，角色是依据一定的社会大众的期望、根据社会对个体的要求、位于社会特定位置的个体所表现出来的行为方式的综合。不同的社会角色要按照一定的行为准则进行活动，在此基础上，发展良好的社会关系，促进角色的有效转换。

角色转换通常指的是在社会生活中个体与个体之间的身份互换，或者社会群体之间不同的角色扮演。角色转换这个词经常是和教师结合在一起使用的，教师在教育教学活动中常常会发生角色的变化，这就是我们常说的教师角色转换。

2. 教师角色的研究

对于教师角色，我国学者进行了一定的研究。对于教师角色这个词，我国的专家和学者同样也进行了研究，主要形成以下几种观点。

①教师的角色就是教师的行为模式。教师在课堂教学中进行教学内容传授时表现出来的行为模式，就是教师将学科专业知识传授给学生时展现出来的行为模式，这种模式展现出的言行举止会对学生产生很大程度的影响。当然，教师的这种行为模式不仅仅局限于课堂上，还存在于课外教学活动中，在课堂和课外教师的行为模式都体现了教师的角色变化。因此，该观点认为，教师的角色就是教师的行为模式。

②教师的角色体现了教师的社会地位。持这种观点的学者认为，在当前社会生活中，每个人都扮演着社会所赋予的角色，教师也不例外。教师在社会中主要扮演着教授学生知识的专门人员的社会角色，这种角色主要承担着教书育人的责任，鉴于这种重要的责任，教师自然而然地就在社会中占有特殊的社会地位，成为人们尊重的铸造人类文明的工程师。因此，该观点认为，教师的角色体现了教师的社会地位。

③教师的角色就是社会对教师的期望。由于教师这个职业的特殊性，教师主要负责教书育人，帮助学生树立正确的世界观、人生观、价值观，促进学生的全方位发展。社会对于教师的期望，主要包括社会大众、学生家长以及学生自身对教师的一种期待。社会大众希望教师将学生培养成社会有用的人才，家长则希望教师将学生培养成学习成绩和身心全方面发展的人，学生自身希望教师传授一些他们所处的年龄段感兴趣的知识。虽然三者的希望都不相同，但本质上都是希

望学生发展成为合格的社会主义建设者和接班人。因此，该观点认为，教师的角色就是社会对教师的期望。

在前期教育教学研究的基础上，一些教育教学方向的专家和学者从不同的研究方向、采取不同的研究方法对教师角色方面的理论进行了有针对性的研究。从学科课堂教学和课外活动实践方面，许多学者也对教师角色方面的理论进行了研究。苏明强认为，在学校规定的教学任务和教学目标的基础上，教师在教学内容传授、教学计划执行和教学过程评价等方面充当着引导者、研究者和服务者的角色。

二、高校公共英语教师的角色

（一）英语教师的角色

教师在课堂教学中占据重要地位，在英语教学中，教师角色的定位研究是国内外学者研究的热点。

1. 教师的角色定位和角色转换

为适应全新的教学要求，教师角色应该及时进行转换，实现教师身份的重塑。张平俊提出教师在教学过程中不仅是主导者，而且面对不同的学习内容学生的理解吸收能力不同等差异，教师又是被动者。这就要求教师要了解学生的学习基础、情感和心理需求，设计适合他们的教学内容，正确进行角色定位。他建议教师角色向研究者和"学生的朋友"进行转换，创造性地开展教学工作。同时，周燕和张洁在探究英语教师的课堂角色中表示，教师角色具有一定的张力，在复杂的英语课堂情境中，教师角色应该向着灵活的方向进行转换，担负起"对话者"的工作任务，与教材和学生进行对话交流，在课堂中构建话语和知识的共同体。

2. 从创新研究角度看教师角色

英语教学在不同的时代背景下有不同的时代特点和要求，教师角色也随之发生变化。雷丹和柳华妮等人研究了新时代英语教师的角色定位，在研究中梳理了教师观，引入了英语教师生态位研究，对教师角色研究的单一性进行了补充。他们提出在生态系统中，教师需要遵循教育规定、培养学生并加强自身发展，直接联系其他环境因子，充当中介角色，等等。郑玉琪通过问卷调查、访谈和教学观摩等方法，收集了后方法时代英语教师的不同角色含义。她在研究中分析了影响教师角色含义差异化的原因，并阐述了英语教师角色在教学中的特色行为表现及重要意义。

（二）高校公共英语教师的角色

1. 资源提供者

在高校公共英语课堂教学中，教师首先扮演资源提供者的角色。教师有着广博的知识和丰富的经验，熟知语言的结构、词语的意义及用法等，能够给予学生多方面的支持和帮助。此外，学生自己所掌握的知识和资源有限，需要教师提供更多的学习资源，这里的学习资源不仅包括各类学习材料，还包括各种学习手段和条件，如网络、多媒体、广播、电视等，所以教师是学生获取信息的重要来源之一。

作为资源提供者，教师要为学生的学习提供大量的信息资源、便利的学习工具和丰富的学习策略，同时积极开发和利用英语教材及其他课程资源，从而增强教学的趣味性和灵活性，提高学生课堂学习的积极性。此外，还要帮助学生解决学习过程中遇到的有关学习资料的问题。

首先，教师要鼓励学生自己独立解决问题。教师可以向学生提供相应的参考书和工具，帮助学生有效地选择和使用学习材料。

其次，教师可指导学生合理利用图书馆、多媒体和互联网等资源，引导学生有效查找资源，独立解决问题。通过教师的帮助和引导，学生可以有效利用各种学习资源和途径，在丰富知识体系的同时能潜移默化地培养自主学习能力。

2. 引导者

在高校公共英语课堂教学中，教师扮演着引导者的角色。教师要根据学生的具体情况制订具体可行的学习方案，指明学习的方向；在具体的教学过程中，教师要引导学生向预期的学习目标努力，适时给予学生引导，使学生受到启发，主动接近教学目标，从而逐步完成教学任务。

教师作为引导者的主要任务在于引导和组织有意义的教学活动，监控学生的整个学习进程，并根据学生的学习反馈调整教学方法，引导学生寻找解决问题的途径，进而培养学生自主学习的意识和能力。

3. 参与者

现在的英语教师变成了学生学习的参与者。教师与学生共同建构了教学这一体系，二者处于平等的地位，应该平等地参与教学。教师应成为与学生一同构建知识体系的参与者，与学生一起探索知识，当自己出现错误和过失时，要勇于承认。教师应营造平等、民主的教学氛围，与学生一起积极参与各种教学活动，同时不能占据学生的主角位置，应成为学生的观察者、倾听者和交流者。

当教师参与学生的活动时，就与学生达成了合作的关系，也扮演起了合作者的角色。教师在参与课堂活动时，应抓住所有机会为学生创造轻松的语言实践活动氛围，并积极参与其中，同时教师要注意在参与过程中对学生起到一种示范作用。在语言活动中，学生在运用语言时会不自觉地以教师作为榜样，在教师的引导下，学生的语言运用能力会逐步提高。

4. 协调者

在高校公共英语课堂教学中，教师要扮演协调者的角色，弱化教师与学生之间、学生与学习之间的矛盾，营造一个积极、和谐的课堂氛围，从而促进学生的学习。

在高校公共英语课堂教学中，有交际互动，就会有不同的意见乃至矛盾出现，此时英语教师要公正地判断各方意见，给予合理有效的评价，以一种平等、亲切的方式正确对待学生与学生之间的摩擦，进而解决问题，实现教学目的。教师要不断鼓励学生，减少学生在互动交流中出现的消极和焦虑情绪，让学生在良好的氛围中轻松地学习知识。

5. 研究者

高校公共英语教师除了承担语言教学任务外，还承担着教学研究的任务。他们在掌握语言教学理论与性质规律的基础上，逐渐构建出自己的教学理念，并运用这一理念去指导实践活动，取得预期的教学效果。因此，在英语语言教学实践中，高校公共英语教师必须进行英语语言教学的理论研究，将教学研究与课堂教学实践相结合，从而实现理论到实践的转变，再到理论的升华。

6. 文化传承者

教师对多元文化的驾驭能力对高校公共英语课程实施的好坏有着直接的影响，也对学生的学习情况产生直接的影响。跨文化教育背景下的高校公共英语教师应该具备多元文化教育观。另外，很多大学生都来自不同的地区，处在不同文化背景下，使用的语言也不尽相同，因此教师需要考虑不同学生的特色，能够用双语进行转换，这样才能实现师生之间的有效交流，从而保存少数民族丰富的语言财富。

教师是知识的引导者，也是文化的传承者，应该以真诚的形象展现在学生的面前，将本土文化知识融入自己的课堂之中，与学生展开平等的交流，为高校英语课堂教学提供更为广阔的空间，同时助力构建和谐的师生关系。

第二节 高校公共英语教师的素质要求

一、语言素质

语言素质是高校公共英语教师应具备的基本素质，也是高校公共英语教师英语语言综合水平的体现。高校公共英语教师的语言素质具体包括两个方面，即扎实的语言专业知识、较高的语言技能。也就是说，教师不仅要具备系统的英语语音、语法知识，较大的词汇量，还要具备良好的听、说、读、写能力。

教师的语言素质是开展英语教学的基本保障，只有教师的语言素质过硬，才能顺利有效地开展英语教学。高校公共英语教师作为课堂知识的呈现者，应该充分了解和理解英语所承载的文化，特别是英语所呈现的价值取向、思维方式等文化内涵，并在英语教学中适当地呈现。

二、教学素质

教学素质是高校公共英语教师必须具备的素质，它是英语课堂教学有效进行的有力保障。具体而言，高校公共英语教师应具备以下教学素质。

①科学的教学理论。高校公共英语教师不仅要了解语言的本质、交流能力的本质以及语言理论的发展趋势，同时要有意识地利用这方面的理论知识来指导英语教学。教师还应具备教育学和心理学理论知识，这样在英语课堂教学中才不会忽视学生的主体地位。

②创造性的教学思维。多向性思维要求教师具备对教学资源进行归纳的能力，从而优化自己的教学效果；综合性思维要求教师将英语学科与科学技术进行整合，将科学技术最大化地运用到英语教学中；发展性思维要求教师的眼光应该具有前瞻性，跟着技术的发展预测教学的发展前景。

③有效的信息传递。高校公共英语教师要将语言知识有效地传递给大学生，这就要求英语教师具备较高的信息传递素质；要拥有较强的授课能力，教师授课能力的高低直接影响着课堂教学的效果；要创造教学情境，让学生有效地运用知识，借助具体、生动的场景来激发学生参与的积极性；要具有一定的教学艺术，通过形与理、知与情的结合，学生的知识、能力、情感、意志以及思想品德能够得到健康、全面的发展。

④有效调整课堂。调整课堂教学进度的过程包含教与学两个方面，是教师与

学生共同完成教学任务的过程,也是学生在教师的指导下进行的一种特殊的认识过程。教师应及时发现教学中的问题,并有效调整教学进度,调整课堂气氛。

⑤巧妙使用教学用语。在高校公共英语课堂教学中,英语教师要通过语言为学生授课,这就对教师的教学用语素质提出了要求,即教师要能够使用恰当的教学用语来开展教学。

三、文化素质

文化素质主要表现在对文化认知、文化理解、跨语言文化的意识与能力等方面。文化素质是指学生对先进文明文化的理解和对优良传统文化的认识,是学生在经济全球化时代背景下所表现出的跨文化素质、心态与价值观念。文化素质反映了英语学科核心素养的价值取向。

文化素质的培育可以增强学习者的民族认同感和民族情感,培养人文自信,培养人类命运共同体意识,学会做事,形成文明素养与社会责任心。文化素质体现着英语学科核心素养的价值所在。文化素质体现为通过以下方法分析问题:比较和评判、调试和交流、接受和传递、感悟和鉴别。

文化素质的培养目标是帮助学生掌握中华文化基础知识,深入了解中华文化内容,对比中外文化异同,吸取传统思想文化精髓,建立科学道德价值理念,培育人文自豪感,形成自强的优良品德,从而获得跨文化交际能力与传承中华优秀传统文化的能力。

文化素质的核心是理解优秀传统文化。对文化进行学习必须经过这样的过程:了解中外文化理论知识——分析与对比,了解世界文化——欣赏和借鉴,加强文化理解——认识与内化,形成文明素养——行为与表现。

四、心理素质

心理素质是一个人在性格、情感以及意志方面的总体反映。一名优秀的高校公共英语教师除了要具备基本的教学素质外,还应具备良好的心理素质。随着社会的发展和教学改革的进步,教师的课业压力随之增加,同时要关心和重视学生的生理和心理健康,因此高校公共英语教师要不断提高自己的心理承受力,培养优秀的心理素质。

(一)性格方面

教师的性格对学生的学习有着显著影响,通常性格外向活泼、教学充满激情的教师能使课堂充满活力和向上的张力,在这样的氛围下,学生的学习热情也会

高校公共英语的课堂教学改革研究

十分高涨,学习效果自然会很好。但性格内向保守的教师相对来说较难调动课堂氛围,也不能有效激发学生的学习动力,因而学生的学习效果可能不佳。可见,高校公共英语教师应有效地调动学习气氛。与此同时,教师也应具有沉着冷静、有序组织教学的能力,这样才能使学生在轻松活泼的环境中井然有序地进行学习。

(二)意志方面

其实不只是学生在英语学习过程中会遇到各种问题,教师在教学中也会遇到不同的问题,因此教师在意志上要有克服困难的勇气和决心。

高校公共英语课堂教学是一个需要长期坚持和努力的过程,因此高校公共英语教师也要具有持之以恒的精神和毅力。

同时,在面对教学中的各种问题时,教师要具有解决问题的能力,这也是教师意志的一种体现。

(三)情感方面

教师从事着教书育人的工作,所以教师必须热爱教育事业,甘愿为学生付出心血,并具有强烈的责任感。

教师要真诚地对待每一位学生,当学生有所进步时,教师要及时给予鼓励和支持;当学生在学习中遇到困难时,教师要及时给予学生指导。

教师要关心自己的学生,并对学生一视同仁,不能因成绩的高低而对学生区别对待。

在日常生活中,教师也要关心和照顾学生,和学生建立起和谐友爱的师生关系。

五、人格素质

人格素质是教师素质的综合体现。教师是一个神圣的职业,从事教书育人的工作。这种特殊的职业性质和专业性质要求教师应该具有高尚的道德品行,良好的性格,宽容、谦逊、好学的品质,正确的自我意识,良好的心理素质,幽默的语言表达,和谐的人际关系,端庄的仪表风度,崇高的审美素质,积极耐心的工作态度以及丰富的知识经验,等等。这些方面并不是孤立的,而是相互联系、相互影响的。教师的人格素质是保证教师教学质量的重要方面。一个人格不健全的人是无法成为一名合格的教师的。

在基于跨文化理论的英语教学中,教师的人格素质显得更加重要。因为跨文化英语教学是一门培养能力素质的学科,与传统的语言知识教学有着很大的差异。

教师在教学过程中，不但要教授相对固定的语言知识，更要使学生明白如何正确交际。而教师的人格素养在很大程度上能够影响其交际的方式和手段，因而注重对教师人格素养方面的提升十分有必要。

六、行为素质

教师要具有自我反思意识，因为这对教师及时发现问题、纠正问题、调整教学进度、养成教学风格、突破教学传统具有重要意义。一名合格的教师要具有终身学习的意愿，要能不间断地实践、反思、学习和提高。

教师要不断更新学科知识，时时学习新的教学思想、教学方法和教学技术，以适应不断变化的教学目标和教学要求。教师要用发展的眼光要求自己，不断充实和提高自己。

第三节　高校公共英语教师专业素质的发展路径

一、加强教师的专业技能培训

高校公共英语教师专业技能培训应该常态化。

首先，应当以英语课堂为基地，以英语教研组为核心，在本校内部开展常态化专业技能交流与培训，让高校的英语教师通过参加自主研修学习、参与英语教研组集体备课、听评课和进行教学技能比赛等方式来提高专业技能。

其次，高校要建立学校外出学习培训机制。高校要有一个平台专门来保障每一位英语教师都要进行外出学习、培训，开拓公共英语教师的视野，提高公共英语教师的业务能力。

最后，在学校进行"线上、线下"相结合的学习方式。"线上"学习方式是指网络远程研修学习。高校要加强监管，建立管理机制和考评办法使英语教师能够真正去学习专业知识。"线下"学习方式是指高校可以聘请或者邀请一些专家或者优秀的英语名师来本校举办讲座，通过讲座的形式给本校的英语教师传授经验，重点是通过这种形式让本校的英语教师能和专家多交流、多学习。同时高校领导要注意到，公共英语教学的发展在于教师队伍的建设，作为学校管理者要清楚地认识到人才的重要性。高校若严重缺少公共英语教师专业型人才，就要加强培养人才和引进人才。一方面，培养本校的英语教师队伍。骨干英语教师要做到教学技能、教学知识和课堂管理达到"过硬"的标准，以及能够在英语教研组中团结教师,共同备课和学习,同时还要承担培养后进的责任。学校也要为骨干教师制订培养计划,为骨干教师提供物质和精神上的支持。另一方面,要引进高水平英语人才。引进的人才不仅要英语水平过硬,同时要懂得高校的专业知识,能够做到英语和专业相结合。同时在新任英语教师的招聘当中,高校要优先招聘英语与专业技能相结合的教师,提高公共英语教师队伍的素质和水平。

二、提高教师的实践教学能力

当前我国高校英语教师是在传统英语教学模式下学习毕业之后进入学校执教的,因此他们大部分在教学中延续了传统教学模式,并且这部分英语教师都是英语专业毕业的,对于其他专业并不熟悉,不具备跨学科学习或者较高的实践教学能力。这类教师的教学模式实质上还是传统教学模式的延续,学生学习到的英语知识较难和其专业实践相结合。例如,高校财会专业是英语课时量最大的非英语专业,但是学生学习的英语知识大多是非财会英语知识。长期在此状态下,学生对于学习英语的兴趣就会减弱,会产生英语知识无用论,认为学习的英语知识在日后没有用,应付过考试就可以,学习效果也因此大大减弱。现在高校专业发展的主流模式是校企合作,学校企业共同培养学生。同样的道理,企业也可以培养英语教师,使英语教师深入企业,和企业交流,进而了解到企业的用工需求,反映到学校课堂之中,将英语课堂和实践相结合,在英语课上用英语讲解企业专业知识,进而提高实践教学能力。这种方式对学校和教师的水平要求很高,但是这种方式一方面使学生直接学习实践英语知识,另一方面能提高学生学习的积极性,激发学生学习英语的内在动机,最终达到学生将学习和实践相结合的目标。高校的大部分英语教师这方面的经验仍然较欠缺,他们长期处于传统的语言教育体制下,虽然其具备了理论知识素养,但是还需要进一步提升高校英语教学的实践素养。

首先,将高校的英语教学同学生的职业教育相结合最好的办法就是教师可以跨学科授课,在教授英语的同时,可以用英语教授一些简单的专业知识。跨学科教授专业知识最需要的就是提高教师的实践教学能力。目前大部分高校具备跨学科能力教授公共英语课程的教师还相对较少,公共英语课程教师的实践教学能力有待进一步提高。为了以后更好地发展,高校应该着手优先培养教师的实践教学能力,让英语教师进入学生即将进入的企业或者单位进行学习,调查分析用人单位的社会需要,这样培养出来的英语教师既有英语专业知识,又有实践教育的素质,这才是高校所需要的教师。不论是高校培养的具备跨学科能力的教师,还是高校招聘的高素质教师，强调的都是教师的英语实践能力，所有的教学制度、教学准备和教学内容都应该由上而下和由下而上相结合地为高校特色的英语教学实践提供服务。在做好英语理论讲授和实践教学工作的同时，高校也要给英语教师提供更多的机会参加跨专业知识学习活动和培训，尤其是高校的行业特色实践。高校可以邀请权威专家来校举办相关培训，传授高校英语教学的最新理念，提升教师整体的专业创新能力。高校英语教师也可以深入企业中调研，了解企业对学生英语水平的要求，这样英语教师可以根据用人单位的需要去安排课程，在今后的英语课程讲授中，把行业真正需要的英语知识和技能进行延伸讲解，真正做到理论联系实践，实践又在教学中指导理论学习。

其次，教师参加企业实践，高校提供机会让公共英语教师亲自到企业中观察、体验、实践。公共英语课程往往被认为是文化课程，高校中专业课教师参与实践的机会往往较多，而文化课教师参与实践的机会相对偏少。正是由于上述原因，才使得大多数公共英语教师缺少到企业或生产车间实践的经历，他们的实践经验与专项技能相对也比较缺乏。高校的各级管理者以及文化课教师也应按时到企业考察、调研，深入了解企业的生产状况，切实掌握其岗位需求，并以此为依据不断调整、完善其教学工作与管理工作。高校公共英语教师参加企业实践，有利于其通过亲身体验了解学生在哪些工作场景需要使用英语，学生要阅读的机器操作说明书的难易程度、词汇水平，学生毕业以后要处理什么样的涉外事务，等等。参加企业实践的教师能对相关企业的主要业务、部门管理、生产流程、企业生活等有大致了解。作为教育工作者，利用实地考察、亲身体验以及实践反思，能深入了解相关工作岗位应该具备的具有一定专业性的知识与技能，明确需要用到英语的工作场合，回归课堂之后，将自身的观察、体验和反思融入实际的英语教学之中，从而确保公共英语教学能够和职业需要紧密联系，真正实现以就业为导向的公共英语教学目标。如果教师能有更多的机会参加企业实践，真真切切地了解企业的需要，再据此有的放矢地、令人信服地展开教学，对于学生和企业来说都是有益的，也有利于课堂效率的提高，学生也会对公共英语课程更加认可，英语教师也能提高自己的教学能力，促进自身的成长。当然学校和教师也可以定期组织学生到企业中去参观和体验，英语教师在企业现场适宜和目标明确地对学生进行教学，从而取得良好的教学效果。

组织学生顶岗实习和安排教师到企业实践还处于初步发展阶段，还不能实现全面覆盖，所以导致部分学生不了解自己将来要从事的职业，教师特别是公共基础课教师不了解所教的专业。到企业中锻炼学习，不仅有助于增强教师对理论知识的感性认识，还能够获得企业各方面的真实知识和技能，充分了解企业各方面的操作流程。通过参与企业的一些实践操作，不仅可以提高教师的实践技能，同时还可以提高教师的实践开发能力和指导学生解决难题的能力。如果学生在一些涉外企业或者会涉及英语的岗位进行实习，自然会激发学生努力学习英语的意愿。

三、加强教师的教学常规管理

一些高校中存在一种亟须改善的现象，就是部分英语教师以一种应付的态度上英语课，师德水准不高。这类教师在英语教学中缺乏责任心，在课下备课时不认真，准备不充分就去上课，这样教学质量肯定低，教学效果也可想而知。对于这种情况，高校英语教学部应该加强英语教师的教学常规管理，经常进入英语教师课堂旁听，了解课堂情况，把教学评价和教师的职称评定、评优相结合。对于授课形式多样、课堂活跃的英语教师进行宣传，促进其他教师多来听课学习；对于一些教学组织散漫的英语教师要提出批评，并责令整改。同时，还要在英语教研组内部经常开展一些形式多样、有实际效果的教研活动，使高校公共英语教师真正投入活动当中，通过这些教研活动来提高教师的教学能力。

第七章　高校公共英语课程思政的对策

本章分为高校公共英语课程思政的必要性与可行性和高校公共英语课程思政的优势与策略两部分，主要包括高校公共英语课程思政的必要性、高校公共英语课程思政的可行性、高校公共英语课程思政的优势、高校公共英语课程思政的策略等内容。

第一节　高校公共英语课程思政的必要性与可行性

一、高校公共英语课程思政的必要性

（一）培育学生社会主义核心价值观的需要

"立德树人"自古就被我国教育界所推崇，西周教育之首的"礼"、儒家的"德治"思想以及孔子提出的"以德教民"，这些无不证实"德育"在我国教育中的重要性。2014年11月9日刊登在《中国青年报》上的一篇文章指出，学校落实立德树人根本任务的核心要求在于积极培育和践行社会主义核心价值观。2016年全国高校思想政治工作会议也将教育的中心环节定为"立德树人"，并指出思想政治工作要贯穿教育教学的全过程。无论从我国的教育传统还是当下的教育方针都可以明确，正确的政治信仰和坚定的政治方向始终应被青年放在首位，思政教育对于当代青年的成长以及国家的发展都有着不可或缺的重要作用。

"德行"教育是育人的根本，也是学生思政教育的目标之一，这与我国社会主义核心价值观的目标不谋而合。高校要在各学科课程的教育中细化落实思政内容，将其渗透在教学的全过程中。高校在培养人才时，要着眼于"又红又专、德才兼备、全面发展"的根本要求。在各个教育环节和学科教学中充分进行思政教育，是我国高校思政教育的应有之道。

英语学科是学生学习阶段的主要学科，它贯穿于大中小学各个学习阶段，是开设年限较长的课程。学生在学习英语时，了解英语这种语言下的国家环境及文化背景是不可或缺的。英语学习可以帮助学生拓宽国际视野，然而他们思想上还未完全成熟，具有较强的可塑性，当面临中西方多元化价值观念冲击时，极易在西方享乐主义、个人英雄主义的腐朽文化思想中迷失。曾敏（2015）认为，外语教育的特殊性在于它是一门跨越不同语言从而产生文化交流的课程，其课程体系涉及不同语言文化的交流与碰撞。

如果高校英语教师在公共英语教学中忽视对学生的思政教育及正确的引导，一些学生很容易被国外资本主义社会的普世思想所影响，他们在失去了本国文化根基的同时也无法重构爱国认同感和民族意识，从而导致学生的价值观发生冲突。由此可见，时代赋予了英语教师在学科教学中渗透思政教育的重要使命，英语教师应在英语教学中引导当代大学生树立社会主义核心价值观，让学生在全面了解西方生活习惯、历史文化、思维方式的同时，保持坚定的政治立场。既提高自身的跨文化交际能力，也能从客观的角度分析评判事物并形成正确的价值观。

（二）履行高校英语教师育人职责的需要

"教书育人，德育为先。"育人是教师的天职，在育人的同时培养出具有过硬的政治素质及高尚道德品质的人才，是所有教师的共同目标。仅仅依靠专业的"思政理论课"去实现立德树人的目标是远远不够的，这必须要求所有高校教师充分发挥课堂教学育人的主战场地位，着重将思政教育融入各类课程的教学中。高校应提倡所有学科的教师都主动挖掘学科中的思政教育潜在资源，做好学生健康成长的引路人。

英语教学逐渐由低级到高级、由简单到复杂形成了一套完整的体系，它的长期性为思政教育提供了基础。由于高校英语的要求更高，高校英语教师团体常涉及海外教育教学背景，且英语语言本身就存于意识形态领域，在这种情况下，高校英语教师在育人方面责任重大，要在英语学习过程中正向引导学生不被多元文化影响而形成不恰当的价值取向。如何在英语教学中对学生进行社会主义核心价值观教育，落实立德树人的根本任务，是每一位高校英语教师必须把握的重要尺度。高校英语教师可以把思政教育落实到日常的常规教学之中，以英语课程教学内容和形式为抓手，以讲好中国故事、传播社会主义核心价值观为核心，在英语学科课程中探索吸纳德育资源，积极渗透思政教育，批判地借鉴和吸收西方文化，使英语课程成为"隐性思政"课程。英语教师不仅承担着传授文化知识的义务，更担负着学生的思政教育的责任,因而教师自身首先要树立好思政意识,才能有效挖掘本学科教学内容中的思政因素,并结合自己的教学经验,根据学科特点巧妙地设计和融合思政元素对学生进行思政教育。高校教师在对学生进行教育期间,既要充当好教书匠角色,又要做好思想引导的角色,帮助学生提高各方面素质,形成正确的世界观、人生观和价值观,做到先成人再成才。

(三)应对国内外社会价值多元化思想的需要

在社会多元价值交织、渗透的复杂背景下,经济全球化日趋明显,西方的文化价值和生活方式的多元化影响着当代青年的思想观念。如若大学生思想价值方面的教育仅单纯或过度依赖学校德育课程和专业思政课去引导,这种教育带来的局限性将变得非常明显。

目前,高校思政教育亟须结合多学科发挥高校的全方位、学科的全课程和所有高校教师的全员育人优势,把思政教育的核心内容与高校的每一门课程进行有机融合,让育人的功能充分体现在高校所有的课程中,让每位高校教师都能承担起育人责任。英语教师在英语教学中能培养学生的国际视野,让学生能够正确审视自身和周围,并形成与时俱进的政治观念和理想信念,进而全面健康地发展。

目前,社会上主要存在三种思想:马克思主义思想、中国传统道德伦理以及资本主义社会普世价值观。若让人们分辨社会主义社会的主流思想,答案显然是马克思主义思想,但在现实情况下有些人的思想却容易迷失。当下,马克思主义的力量在一定程度上被资本主义普世价值观念所消解,这种价值观念必然会冲击人们的思想,社会主义现代化建设的进程在一定程度上也受到影响。英语课程内容多以西方发达资本主义国家为背景,这种特点在高校英语课程设置中尤其突出,其课程内容通常会涉及西方国家的经济体制、文化背景、政治思想、生活习惯等。高校学生思维活跃,且长期生活在相对单纯的象牙塔里,对于新生事物缺乏鉴别能力且极易接受,高校英语教师若不注意在教学中进行正确的思想引导,学生的价值观很容易被腐蚀。故而,英语教师在充分利用英语学科新异性和人文性的同时,还应在教学中渗透思政教育元素,同时也要用党的创新理论去牢固塑造学生的社会科学思想。在长久的英语学习中融入思政教育,才能持久地塑造学生正确的"三观"及政治思想信念。思政教育最终的方向是坚定大学生的马克思主义信仰和社会主义信念,让他们具有家国情怀,对实现中国梦充满信心,能够把国家和民族的前途命运融入个人理想。

二、高校公共英语课程思政的可行性

(一)高校公共英语课程性质与课程思政教学内容高度关联

英语作为一门工具性语言,是中国与世界各国进行经济、文化交流的重要媒介。语言是文化传播的载体和工具,大学英语的人文性体现在培养学生对中国文化的理解和解读能力上,让学生能利用英语对外传播中国文化。高校在培养学生的文化传播能力的同时,也要培养学生的综合素质,促进学生的全面发展。在社会主义核心价值观导向下,英语教师要引导学生树立国家富强、民族团结的公民意识,培养学生形成爱国敬业、诚信友善的优秀民族精神,使学生具备将中华民族的优秀文化向世界传递和传播的能力。

(二)高校公共英语课程中蕴含丰富的思政教学内容

在英语教学过程中融入思政教学内容,可以提高学生的思想道德修养、人文素质、科学精神、法治意识和认知能力,可以培养学生的家国情怀和融通中外的能力,促进学生语言知识与品德修养的提高,增强其综合素质。英语教材中蕴含大量的思政元素,在学习过程中,教师可有效拓展思政内容,提高学生的学习兴趣,引导学生树立正确的世界观、人生观和价值观。在思政内容的微观拓展方面,可培养学生的劳动意识、工匠精神和团结合作意识等。教师可以从学生对待求职就业的态度引导学生积极投身社会实践,热爱劳动,体现其人生价值。

(三)高校公共英语课程的特点与课程思政形成协同育人效应

高校公共英语课程作为公共必修课,具有受众广、课时多、时间跨度长等特点。大部分高校在一年级开设基础英语课程,在二年级开设行业英语课程,时间分布为3~4个学期,每个学期为56~64学时,几乎覆盖全校每一位大学生,有利于更好地实践习近平总书记强调的各类课程与思政课程同向而行的协同育人效应。

第二节 高校公共英语课程思政的优势与策略

一、高校公共英语课程思政的优势

虽然课程思政是对全体教师的统一育人要求,但课程思政实践要遵循因材施教、因人而异等基本的教学规律和学生成长规律。在实践中,要考虑学生的认知水平、学校层次、课程名目等差异进行分类指导，确定课程思政的侧重内容，优选课程思政的融入形式。

（一）高校公共英语课程的设置优势

高校公共英语课程作为学生学习过程中课时多、历时长、受众广、师资庞大、学生重视程度高的一门公共基础课程，理应成为课程思政教学改革的主阵地。首先，高校公共英语课程面对全校所有新生开设，约占120个课时。由于课时多，英语教师占全校教师的比例通常也较大，因此大量英语教师成为课程思政教学改革的主力军。再者，英语课程是专科学生参加"专升本"考试的必考科目，也是他们今后升入本科后的必修课程。同时，在就业市场中，用人单位常常将英语等级证书作为招聘毕业生的筛选条件之一，因此多数学生对英语课程的重视程度较高。此外，公共英语课程开设在大学第一学年，学生刚走进大学校园，求知欲强烈，思维可塑性强，对新思想的接受度高。因此，在新生入学的第一学年，充分利用公共英语的课堂教学主渠道，能够对学生进行充分而系统的课程思政教育。

（二）高校公共英语课程的性质优势

高校公共英语是一门语言类的基础课。语言是文化及意识形态的重要载体和传播媒介。语言教学与文化、意识形态的传播密不可分。英语教学不仅教授语言知识，如词汇、语音、语篇、语用等，而且英语课堂中的听、说、读、写、译等教学活动必定与英语国家的文化和意识形态密不可分。如此看来，英语课既是一门语言课程，也是一门文化课程。美国语言学家克拉姆契曾说："语言教学中的文化教学包含目的语和母语的文化教学。"因此，英语教学不仅包含英语国家的文化和意识形态内容，而且也包含中国的文化和意识形态内容。在高校公共英语的课堂教学中，从文化和意识形态视角进行课程思政教学，无疑与思政教育的目标高度契合。

同时，高校公共英语也是一门通识课，兼备工具性和人文性。首先，从工具性方面来说，教师以英语为教学工具，在课堂中引入适量符合大学生身心发展规律和益于大学生品格塑造、价值引领的教学内容，能让思政素材入眼入耳。学生以英语为学习工具，内化利于身心成长和能力提升的学习内容，能让思政素材入脑入心。其次，从人文性方面来说，高校公共英语的教材内容涉及政治、经济、社会、历史、宗教、哲学和艺术等各个人文领域，从这些人文知识中积淀出的人类公认的优秀人文精神，能够不断充实大学生的人文素养和精神内涵，最终把他

高校公共英语的课堂教学改革研究

们培育成综合素质全面、精神世界丰富、道德情操高尚、理想信念坚定的人。英语教材包含大量的英语阅读文本，而文本背后隐藏的人文精神和人文理想自然成为英语课程思政的重要主题。

（三）高校公共英语课程的国际视角优势

英语课程的四项学科核心素养为职场涉外沟通目标、多元文化交流目标、语言思维提升目标、自主学习完善目标。其中"多元文化交流目标"的实现依赖于英语课程的国际视角，这要求学习者秉持平等、包容、开放的心态对待异族文化，坚持文化交流互鉴，共建人类命运共同体。立足英语课程的国际视角，学生能够使用英语查阅第一手资料，近距离感受英语国家的文化和意识形态，吸收其文化精华。同时，学生能够在文化交流和国际比较中，通过正反对比，正确认识中国特色和客观评价中国国情，坚定社会主义的制度选择和道路选择，坚定中国立场和中国情怀，最终树立民族自信。英语课程的国际视角能让学生借助英语进行跨文化的思维碰撞，这种思维碰撞过程正是一种水到渠成的思想洗礼，正是一种润物细无声的思政教育。思维碰撞后形成的个人结论，由于经过自身的思索和验证，能让学生树立正确朴实的思想信念，最终让课程思政取得实效，实现价值引领。

二、高校公共英语课程思政的策略

（一）提升高校公共英语课程思政的意识

国内学者在对思政教育的研究中进行了多种教学原则的探讨，如科学性原则。即把思政教育渗透在英语教学中，要强化"立德树人"的根本任务，渗透科学的教学思想和理念，坚持正确的教育方向；在教学内容上要遵循自然适度的原则，适时适当地进行思政教育；在教学方式上要突出潜移默化原则，切忌简单灌输抽象概念，单纯进行空洞的政治说教，同时通过教师榜样力量，将教师的正确思想理念传递给学生。

1. 强化"立德树人"的根本任务

党的十八大、十九大提到教育时都围绕"立德树人"这个主题，将德育教育理论提到一个新高度。在培育人才时，把"立德树人"作为核心内容，在教学实践中全程贯穿思政教育，实现全方位育人的目标。"立什么德，树什么人"是坚持立德树人原则之前必须弄清楚的问题，只有坚持正确的方向，才能到达对的地方。

2018年5月2日，习近平总书记在同北京大学师生座谈时指出："真正做到以文化人、以德育人，不断提高学生思想水平、政治觉悟、道德品质、文化素养，做到明大德、守公德、严私德。""明大德"指要学生树立正确的政治信仰，"守公德"指培养学生践行社会主义核心价值观，"严私德"指在学生自我约束、意识和控制方面的培养和强化。在培养学生的问题上，高校要紧跟国家号召，培养出健康自信、具有家国情怀和国际视野及综合素质高的创新人才。高校公共英语课程的教学重点要从重视学生英语学科核心素养的发展转变为培养出具有深厚的家国情怀、广阔的国际视野以及良好的跨文化交流能力的新型的社会主义建设者和接班人。英语是直面中西方文化的一个学科，学科教学中要弄清英语教学中"立德树人"的核心，让英语教学中的思政教育有根。

2. 遵循自然适度的原则

自然适度原则在很多方面应用广泛。如在人际交往过程中，言行举止表现不夸张，不含糊不清，这体现了自然的原则。自然是指遵循事物发展的规律，即要循序渐进。适度是使事物保持质和量的一定限度。坚持自然适度原则就是让事物在一定的限度变化，即不多不少刚好在适当的范围内，同时对事物采取正确的处理方式，让其朝着正确的方向发展。

对学生进行思政教育要遵循自然适度的原则，即在教学过程中要遵循学生的思想成长规律，在英语教学中挖掘思政教育元素，巧妙地让其与英语教学内容有机结合，做到思政教育自然适度地融入英语教学实践中，通过循序渐进的方式把思政教育做到学生心里。也就是说，在英语教学中，除了传授英语知识、理论及语言技巧外，同时也应结合教学内容与主题，适当地将思政元素自然地、适量地、有机地渗入英语教学的各个环节，在教学方式上忌牵强附会、生搬硬套，避免高校课程思政教育成为形式化的教育。对于高校英语教师自身而言，实施思政教育可以借助自身的人格力量，不刻意进行生硬的说教，结合教材内容特点去挖掘思政元素，因材施教，对学生进行适时适度的思政教育，让学生在自然渗透中感受情感的熏陶，逐步形成正确的思想观念及价值观。

3. 突出潜移默化的原则

在英语教育中渗透思政教育，要注重创造良好的氛围，因势利导，淡化思政教育痕迹，寓教于无形，让思政教育通过教学环境以及教师教学行为潜移默化地对学生产生影响。在教学过程中教师起主导作用，对学生进行知识传授，同时对学生的思想和价值观进行引导，即英语教师以传授知识的方式进行价值传播。只有教师的政治观点和态度正确、情操和品质高尚，其才能在英语教学中用科学的精神和方法将英语知识和正确价值观相互融合进行教学,对学生产生积极的影响。

将思政教育元素渗透在高校英语教学内容、教学目标及教学过程中的关键的实施者——高校英语教师在教学过程中的言行举止对学生产生着最直接的影响。教师应不断完善自己,通过自身的品德素养、专业素质、职业道德、衣着修饰和言行举止等优秀的人格魅力和正确的价值观,在教学过程中给学生留下深刻的印象,让思政教育元素如春风化雨般沁入学生内心,达到潜移默化育人的目的。

(二)优化高校公共英语课程思政的内容

学习一门语言,不仅要掌握这种语言本身的结构,而且还要了解该语言背后所依附的文化背景,从而拓宽学习者的文化视野,丰富其文化底蕴。这就要求英语教学要把语言和文化有机结合起来,使二者同步发展,结合语言教学的内容,适时地介绍中西方在社会风俗、生活方式、价值理念、思维方式、民族心理等方面的差异,以提高学生的文化素养。

1.在英语文化教学中融入中华优秀传统文化的教育

社会主义核心价值观的践行离不开中华优秀传统文化的传承。英语是一门文化体验课程,高校英语教师需要培养学生的跨文化交际意识和国际视野。在英语文化教学中,教师以点带面帮助学生深入了解西方文化发展脉络、文化思潮,并及时做好思政教育,把中华优秀传统文化融入英语文化教育当中,这样既可以让文化学习的理念扎根于学生的内心,又有助于拓宽学生的国际视野和思维方式,还可以让学生在认识全球社会存在的重大问题时,提高判断、鉴别能力。

英语文化教学内容中涉及西方国家的交际礼仪和习俗,英语教师在进行中西方文化比较教学时,应以英语课程教学内容和形式为抓手,融入中华优秀传统文化,培养学生本国文化意识和文化自信。在教学过程中,英语教师应着力培养学生的家国情怀,结合教学主题组织有关中华传统节日的主题学习活动。

在了解西方节日的同时,要让学生树立本国文化主体意识,提升学生的文化素养、文化意识,让学生在文化学习的过程中吸取知识、感悟人生,从而塑造学生的文化品格。如学习中秋节话题时,首先要明确中秋节的内涵:团圆、和谐、敬老;其次,引导学生正面理解嫦娥奔月的故事;最后,结合我国科技进步的现状,给学生讲述以"嫦娥"命名的探测器在几代人的不懈努力下成功发射的故事,激发学生的科技自强梦。

英语教学不只是语言教学,也承载着文化教育、德育及思政教育的使命。学生学好英语不仅能传承中华优秀传统文化，而且还能站在国际视野的角度讲好中国故事和传播社会主义核心价值观。

2. 在英语语言教学中加强社会主义核心价值观的引领

英语是一门语言实践课程，在英语语言教学过程中，教师应有意识地强化思政教育，通过语言知识点的丰富内涵渗透社会主义核心价值观，在语言技能的反复操练当中促使学生产生积极的情感体验。

语言承载着人们的价值观，是一种思想文化载体。英语教学处于中西方两种语言及其文化价值观冲突的前沿，如果高校学生无法在学习英语语言文化的同时保持对马克思主义价值观的坚定立场，那么这种价值冲突将导致其原本的价值观被渗透、意识形态被殖民。社会主义核心价值观是对马克思主义科学价值观的延伸，故而在英语教学中要挖掘含有社会主义核心价值观的学习元素，让学生拥有坚定、正确的马克思主义科学价值观。

语言是文明社会里人与人交流的重要工具，英语虽然是一门语言，但与西方文化是不可分割的。英语语言表征背后存在着人文差异，英文文学作品中有着深刻的资本主义印记。英语教师在文化教学过程中要挖掘其背后的深意，在分析差异后将爱国主义精神融入英语教学中。

高校公共英语教师应运用好高校公共英语教学的课堂主阵地，让学生了解世界，加深学生对当今经济全球化、文化多样性的认识，感悟和平与发展的时代主题，让学生了解世界舞台上的中国，认识中国担当、中国影响、中国机遇和挑战，也是中国青年一代应有的素养和担当。高校公共英语教师应坚持以习近平新时代中国特色社会主义思想为方向指引，在高校公共英语课程思政教育的道路上守正创新，培养具有人类命运共同体意识、能够在复杂多变的世界环境中提高改造世界能力的创新人才。

3. 在英语阅读教学中挖掘课程思政的育人元素

在高校公共英语阅读教学过程中，教师要深入进行教学研究，准确挖掘课程中蕴含的育人元素，精心设计渗透方式，使高校公共英语课程思政成为一门"隐性思政"课程。

在英语教学内容方面，要紧密围绕思政要求，遵循教育规律。高校公共英语教师在备课时要结合教材实际，认真挖掘教材中的思政元素，找出思政教育与教材内容的结合点，巧妙设计课堂教学形式，有意识地把思政教育元素融入英语知识的教授中。值得注意的是，教师在教学过程中既要发挥英语课程的主导作用，也要协调教材内容和学生认知之间的矛盾,把思政教育渗透到英语教学的全过程。

在英语教学方面,要做到由浅入深、由点到面,用自然恰当的方式达到渗透思政教育的目的。虽然英语课堂为教学主渠道,但不同的教学环节、教学内容和教学活动,采取渗透的方式应有所不同。如讲授语言交际性和实践性的教学内容时,教师应精心设计含有思政元素或话题的教学活动、游戏和练习,引起学生的兴趣,让他们主动参与到互动思考的语言交际场景中。教师要在教学活动中有目的地引导学生形成思想意识,既习得语言知识也获得思想提升。

高校英语教师首先要将教材内容研究透彻,将教学重点转移到教材内容所包含的主题意义上,探究教材中的思政元素,挖掘其中涵盖的道德品质、爱国主义及民族自信等具体的育人元素。例如,在阅读教学环节,可以通过语篇阅读引导学生感知理解、分析研读文章所蕴含的主题意义,既要培养学生的语言学习能力,也要提高学生的文化意识及品德修养,在实践活动中落实立德树人的根本任务。其次要适当延伸和拓展英语教学过程中涉及的思政内容。例如,关于机器人的话题,在实际生活中人工智能的应用十分普遍,学生对此已十分熟悉,因此教师应该结合目前的时代变化,在教材的基础上延伸、创新。再比如,根据话题拓展学生的思维,如教会学生感恩,加深对学生情感、态度和价值观的影响。

(三)在高校公共英语课程中落实课程思政教育的途径

习近平总书记强调:"要用好课堂教学这个主渠道,思想政治理论课要坚持在改进中加强,提升思想政治教育亲和力和针对性,满足学生成长发展需求和期待,其他各门课都要守好一段渠、种好责任田,使各类课程与思想政治理论课同向同行,形成协同效应。"在英语教学中渗透思政教育,其实是拓宽了思政教育方式的外延。高校公共英语教师应将教书育人内涵贯穿于高校课堂教学的主渠道中,在高校公共英语教学的全过程落实思政教育目标。

1. 挖掘英语课程中的思政教育素材

在文化育人的宏观背景下,课程思政素材的挖掘和应用更需要注重其文化内涵和精神内涵。教师应当结合常规的英语课程教学流程,在前期的融入课程思政素材和要求的教学设计工作中,首先对英语课程教学内容中具有跨文化交流探讨价值、具有文化传承与传播价值的内容进行分析和研究。教师结合自身的工作经验和专业理论知识,判断相关教学内容是否适合作为课程思政的素材。在初步筛选出可用的教学素材并确定教学流程的组织形式后,教师应当分别从宏观和微观两方面入手。从宏观上观察各个教学环节中课程思政元素融入的可行性与适宜性，从微观上观察课程思政元素的融入是否能够取得文化育人的预期效果。

另外，在整体的教学流程设计中，教师还应当注意理论知识和实践教学内容的比例分配，适当加大实践课程教学的比例，在实践教学中融入具有文化价值和思想教育价值的延伸性内容。

最后，教师应当重视对课程教学效果的评价，从相对固定的英语知识掌握能力和表达能力、对中西方文化的理解和应用能力两个方面对学生的课程学习效果进行评价，用完整且具有深刻内涵的教学设计流程支撑整体的高校公共英语课程思政实践。

2. 优化英语课程思政的教学方式

新课程标准明确指出，教师有责任引导学生提升爱国主义精神、增强民族使命感。英语学科中涉及中西方文化冲突，所以英语教师更应在英语教育教学全过程中担负起帮助学生形成正确的"三观"的重任，掌握英语教学中融入思政元素的方法。其中英语阅读教学就是融入思政元素的一个重要部分，将阅读教学与思政教育结合是优化英语课程思政的教学方式的有效途径之一。

首先，教师要深入挖掘阅读文本，寻找英语阅读教学与思政教育的结合点。例如《新世纪大学英语综合教程》中就有许多话题与高校思政课的内容有契合点。书中涉及学生成长中面对的困惑及调节方式、对自然科技的关注、对团结合作及珍爱生命等话题的分析。英语教师在教授相关话题时，可以组织学生深入讨论，从而帮助学生塑造优良的道德品质。

其次，教师要丰富阅读教学方法，并适时加入思政教育元素。在教学方式上改变以往单一的讲解方式，采取思辨的教学模式，从现实问题入手，对照社会主义核心价值观，设计问题清单补充相应的思政素材，让学生在平等交流中用英语表达自己的观点，培养他们用英语描述现象、分析问题、表达思想、陈述理由的能力，真正将学生的语言应用能力、思辨能力和思政教育融为一体。同时大学生的英语学习接触的是源语言文化，其中涵盖西方的普适价值文化及西方资本主义国家独有的意识形态的文化，故而英语教师在授课期间不仅要让学生习得相关的文化内容，更重要的是要培养学生具有批判意识以及有选择性地、独立自主地吸纳西方文化的能力。

最后，教师应开展丰富多彩的课外活动，拓展思政教育的范围。当下信息技术迅猛发展，传统课堂教学的主阵地已不再是唯一的教学场所。高校可利用信息技术举办各种课外活动，在活动中适时对学生进行思政教育，提高学生的思政素养。课外活动的形式不仅局限于"第二课堂",如课外竞赛、看英语影视剧、设计海报、信件交流等,还可以延伸到"第三课堂",如电脑端网页、手机端APP、QQ、微信等,不仅能丰富大学生的课外知识、拓展英语教材涉及的相关背景知识,也能起到陶冶情操、提升民族自信的作用。高校公共英语教师可以引导学生合理利用微信平台上英语学习的相关公众号,如China Daily、21世纪英文报等。在学习语言的同时,把中华优秀传统文化与英语学习相结合,有利于增强学生的民族文化自信,在学生心中深植爱国主义情怀。

3. 充分利用互联网进行互动

21世纪的今天是互联网盛行的社会,高校要懂得利用互联网进行英语教学。英语教师可以和学生通过互联网进行线上交流,从而将自己的课堂教学和学生自觉的学习融会贯通在一起,让教学变得多样化。教师可以利用互联网将与思政教育有关的英语素材发送给学生,让学生既能巩固英语知识点又能得到思政教育的熏陶。课外时间,教师可以在互联网上跟学生交流思政课程学习的问题,可以教会学生运用网络工具来增加自己的学识,可以让学生借助互联网用英语描述祖国大江南北的风光、中华上下五千年的历史等来感受祖国的伟大。互联网教学模式能提高学生的学习热情和参与度,潜移默化地将思政理念灌输到学生的脑海中。

4. 提升英语教师的思政教育素养

在教师教育理念方面,教师要正确认识知识传授与价值引领之间的关系,突破英语作为语言工具的局限性,课余常阅读英文版本的马克思主义著作,用马克思主义理论丰厚自身的思想,努力践行习近平新时代中国特色社会主义思想,积极自觉地在日常教学中渗透思政教育,让思政教育如春风化雨般融入学生的血液。

在教师队伍建设方面,教师要大幅提升思政能力和思政意识,不仅要做一个有文化、有思想、有品位的人,而且还应该帮助学生树立良好的思政意识。高校英语教师队伍应增强全员的思政意识,担负起立德树人的责任,具备深挖和吸纳英语学科所独有的德育元素的能力,将知识习得与思政素养"无缝链接",在真正意义上落实高校英语课程思政理念,实现英语学科育人的目标。

在学生人才培养方面,要充分挖掘学科中的思政教育资源。为了让学生自如地用英语向外国人介绍我国的优秀文化以及社会发展和经济建设的巨大成就,教师应在讲授社会文化、经济发展和政治制度方面的话题时,自觉主动地培养学生用英语表达相关话题的能力,避免英语教学中出现中国文化失语的现象。英语教学中传递的文化自信,能帮助中国文化走得更远。

在学校思政育人过程中，教师的榜样作用不可忽视，因此思政素养高的教师的言行举止都具有较强的可模仿性，对育人工作也有积极的促进作用。英语教师思政素养高，就能在教育教学的各个环节，如课前复习、导入、新知呈现讲解及操练巩固、课堂小结等各个环节中渗透思政元素，随时做好育人工作。在高校公共英语教学中，教师的思政素养水平会影响英语思政元素渗透的效果。因此，英语教师要提高自身的思政素养，进而提升挖掘思政元素的能力，积极塑造学生的健全人格、优秀品德，让英语课堂更具有包容性。

5. 基于思政教学目的组织多种课外活动

课外活动作为高校公共英语课堂教学的重要拓展和补充，在教育教学中扮演着极为关键的角色。基于此，教师应采取多种方式组织课外活动，并利用不同形式的英语文化资源有效激发和调动学生学习英语的兴趣和积极性，进而全方位地提升学生的思想道德意识和修养。

与此同时，教师也可将学生分组，让其参与到包含多个主题的英语演讲及朗诵比赛等活动中，或者创设真实、生动的与国际友人交流的情境，鼓励学生模拟跨文化交际行为，向国际友人介绍中华优秀传统文化，这样一方面可显著增强学生的英语表达能力，另一方面也可提高学生的文化自信，培养学生的爱国精神。

6. 融入灵活性更强的教学评价指标

英语课程教学与课程思政要求的融合需要关注的重点除了英语专业知识以及语言表达能力的提升外，还要关注学生的文化积累情况以及英语语言表达与实践应用能力的提升情况。教师除了从词汇、句型、语法以及语篇阅读与写作能力方面设定相应的评价指标外，还应当从人文性角度设定相应的评价指标，将学生的文化内涵理解力、人文素质能力、职业胜任力以及社会责任感等融入课程教学效果评价指标体系中。同时，依托现阶段思政教育的核心价值内容，即社会主义核心价值观的相关内容指标，对学生的思想观念和价值认知状态进行衡量和评价。在教学评价方法方面，除了用传统的打分形式作为评价手段外，对于一些能力维度的评价工作，学校可通过实践参与能力、学习态度以及相关实践活动的组织参与效果等指标对学生开展评价。评价的等级层次也应当避免直接用直观的分数进行显示，而应当借鉴权重评价体系设计的方式，按照学生相关指标的完成度分配相应的权重，最终得出一个综合性的评价结果。

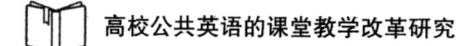

7. 完善课程思政纳入英语课程的制度保障体系

首先，应将课程思政纳入英语课程考核标准。在制定课程标准和教学计划的过程中，根据具体课程内容和社会热点，将中华优秀传统文化知识融入外语课程学习中。

其次，应建立沟通协调机制。高校公共英语教师与思政教师应共同探讨研究有效的课程评价体系，使高校公共英语教师的教学有据可循，充分调动高校公共英语教师教学和研究的积极性，提高教学效率。在具体的实施过程中，各高校可以专业为单位对全校的授课教师进行分配，每个专业配备思政课教师作为日常教学辅助力量。在参与教师教学能力大赛、教学改革项目的过程中，高校思政课教师与公共英语教师共同进行项目的思政元素设计和实施，更精准地把握项目的思政设计核心理念。

最后，完善英语课程思政的评价监督机制。教学督导和校领导随时听课，引导高校公共英语教师更好地开展课程思政建设。

参考文献

[1] 吴碧宇.大学英语教学改革的生命教育维度[M].郑州：黄河水利出版社，2016.

[2] 张喜华，郭平建.信息化背景下大学英语教学改革研究[M].北京：北京交通大学出版社，2017.

[3] 杨朝娟.英语网络课堂教学模式与方法研究[M].西安：西安交通大学出版社，2017.

[4] 张敏，王大平，杨桂秋.英语教学改革与创新研究[M].北京：九州出版社，2018.

[5] 常焕辉.现代英语写作理论及教学改革研究[M].北京：团结出版社，2018.

[6] 李晓朋."互联网+"时代英语自主学习与课堂教学的整合模式探究[M].成都：电子科技大学出版社，2018.

[7] 庞云玲，陈娟.信息化背景下的大学英语教学改革[M].北京：中国纺织出版社，2018.

[8] 汤海丽.高校英语信息化教学改革与微课教学模式探究[M].北京：冶金工业出版社，2018.

[9] 曹文娟.基于分级教学的大学英语课堂优化研究[M].南京：江苏凤凰美术出版社，2018.

[10] 赵晓峰.信息技术环境下的英语教学研究[M].天津：天津科学技术出版社，2019.

[11] 王继红，邹玉梅，李桂莲.基于翻转课堂理论的英语教学改革与实践[M].北京：中国原子能出版社，2019.

[12] 钟丽霞，任泓璇.翻转课堂模式下的大学英语教学改革及创新优化[M].长春：吉林大学出版社，2019.

[13] 苏超华.新时代大学英语智慧教学论［M］.长春：吉林人民出版社，2019.

[14] 周奋.大学英语课堂教学研究［M］.长春：吉林人民出版社，2020.

[15] 陈光先.新时期大学公共英语课堂教学质量提高策略［J］.科教导刊，2017（15）：77-78.

[16] 梁彬.心理契约视角下大学公共英语课堂教学策略探究［J］.林区教学，2018（7）：72-73.

[17] 冯一轩.高校公共英语课堂教学成效提升策略探析［J］.管理观察，2019（30）：152-153.

[18] 周云虹.基于五星教学原理的公共英语课堂教学设计及反思［J］.教育教学论坛，2019（15）：97-98.

[19] 张楠.高校公共英语课堂教学模式创新与探索：以任务型教学法为例［J］.陕西教育（高教），2019（6）：13-15.

[20] 井琼洁.高校公共英语课堂生态化教学的策略探究［J］.文化创新比较研究，2020，4（16）：117-119.

[21] 白英杰，宋芳荣."互联网＋教育"背景下智能手机在高职公共英语课堂教学中应用的有效性研究［J］.科学咨询（教育科研），2020（8）：67.

[22] 吴珂.生态语言学视域下高职公共英语课堂教学研究［J］.中国多媒体与网络教学学报，2020（1）：194-195.

[23] 王华沂.基于语言应用能力培养的应用型本科公共英语课堂教学改革探索［J］.文化创新比较研究，2020，4（2）：103-104.

[24] 王毅，丁如伟.能力为基，素质为本：关联视角下的新时代高校公共英语课堂教学探究［J］.黑龙江教育（理论与实践），2020（6）：91-92.